essentials

essentials liefern aktuelles Wissen in konzentrierter Form. Die Essenz dessen, worauf es als „State-of-the-Art" in der gegenwärtigen Fachdiskussion oder in der Praxis ankommt. *essentials* informieren schnell, unkompliziert und verständlich

- als Einführung in ein aktuelles Thema aus Ihrem Fachgebiet
- als Einstieg in ein für Sie noch unbekanntes Themenfeld
- als Einblick, um zum Thema mitreden zu können

Die Bücher in elektronischer und gedruckter Form bringen das Expertenwissen von Springer-Fachautoren kompakt zur Darstellung. Sie sind besonders für die Nutzung als eBook auf Tablet-PCs, eBook-Readern und Smartphones geeignet. *essentials:* Wissensbausteine aus den Wirtschafts, Sozial- und Geisteswissenschaften, aus Technik und Naturwissenschaften sowie aus Medizin, Psychologie und Gesundheitsberufen. Von renommierten Autoren aller Springer-Verlagsmarken.

Weitere Bände in der Reihe http://www.springer.com/series/13088

Andreas Meier · Edy Portmann

Fuzzy Management

Trilogie Teil II: Einsatz der unscharfen
Logik für Business Intelligence

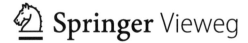

Springer Vieweg

Andreas Meier
Forschungszentrum FMsquare
Universität Fribourg
Fribourg, Schweiz

Edy Portmann
Forschungszentrum FMsquare
Universität Fribourg
Fribourg, Schweiz

ISSN 2197-6708   ISSN 2197-6716   (electronic)
essentials
ISBN 978-3-658-26035-4   ISBN 978-3-658-26036-1   (eBook)
https://doi.org/10.1007/978-3-658-26036-1

Die Deutsche Nationalbibliothek verzeichnet diese Publikation in der Deutschen Nationalbiblio-grafie; detaillierte bibliografische Daten sind im Internet über http://dnb.d-nb.de abrufbar.

Abbildungen und Graphiken von Jvana Manser, Appenzell , Schweiz (www.jvana.ch)

Springer Vieweg ist ein Imprint der eingetragenen Gesellschaft Springer Fachmedien Wiesbaden GmbH und ist ein Teil von Springer Nature
Die Anschrift der Gesellschaft ist: Abraham-Lincoln-Str. 46, 65189 Wiesbaden, Germany

Was Sie in diesem *essential* finden können

- Sie erfassen die theoretischen Grundlagen der unscharfen Logik sowie der auf Intuition basierenden unscharfen Logik.
- Sie lernen, wie ein unscharfes Portfolio Management für Ihre Kundenbedürfnisse zielgerichtet eingesetzt wird.
- Sie erkennen das Potenzial individualisierter Marketingkampagnen, um das Kundenkapital zu steigern.
- Für das Performance Measurement evaluieren Sie unscharfe Key-Performance-Indikatoren.
- Sie studieren ein Service Level Management mit auf Intuition basierenden unscharfen Mengen.
- Beim Controlling verwenden Sie die unscharfe Logik als Option, um differenzierte Maßnahmen für Ihre Kundinnen und Kunden einleiten zu können.
- Bei der Online-Reputation setzen Sie auf Folksonomien, die unscharfe Ontologien und Fuzzy Cognitive Maps einsetzen.

Vorwort

Das vorliegende *essential* Fuzzy Management (Trilogie Teil II) ergänzt Fuzzy Leadership (Trilogie Teil I) und Fuzzy Humanist (Trilogie Teil III). Im Fokus steht die Anwendung der unscharfen Logik zur Lösung betriebswirtschaftlicher Probleme des eBusiness wie Portfolio Management, Performance Measurement, Online-Reputation und Controlling (vgl. Abb. 1).

Die unscharfe Logik und die auf Intuition basierende unscharfe Logik erweitern die klassische Logik mit den beiden Wahrheitswerten wahr und falsch, da in beiden Fällen unendlich viele Wahrheitswerte (Graustufen) zugelassen sind. Damit lassen sich differenzierte Analysen durchführen und Handlungsoptionen entwickeln. Im Portfolio Management beispielsweise werden Online-Kunden weder über- noch unterbewertet, da jeder Kunde entsprechend seinem individuellen Kundenwert behandelt wird. Ein Performance Measurement basierend auf unscharfen Kennzahlen erlaubt überlappende Kundensegmente. Jeder Kunde gehört demnach zu einem bestimmten Grad zu allen Kundenklassen, d. h. sein Zugehörigkeitswert zu einer bestimmten Klasse liegt zwischen 0 (nicht dazugehörig) und 1 (zu 100 % dazugehörig). Die auf Intuition beruhende unscharfe Logik misst nicht nur die Mengenzugehörigkeit, sondern ebenso die Nicht-Mengenzugehörigkeit sowie den Anteil der Unsicherheit. Mit diesem Ansatz lässt sich die Business Intelligence mit einer unbewussten Business Intelligence kombinieren, die neben harten Faktoren auch weiche miteinbezieht.

Nun hoffen wir, liebe Leserinnen und Leser, dass Sie mit diesem *essential* über Fuzzy Management Ihren Horizont erweitern und ermutigt werden, unscharfe Ansätze bei der Lösungsfindung im betrieblichen Alltag zu erproben. Dazu drücken wir Ihnen die Daumen.

Für Fragen wenden Sie sich ans Forschungszentrum Fuzzy Management Methods der Universität Fribourg (www.FMsquare.org), das vor über zehn Jahren

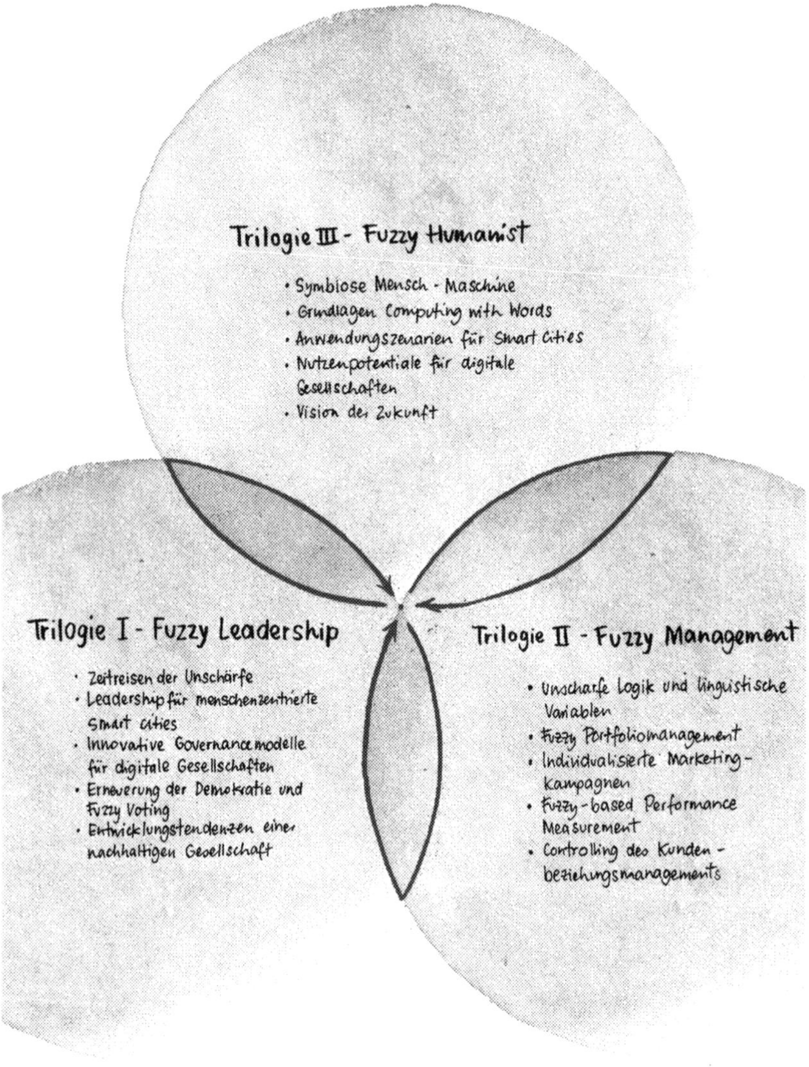

Abb. 1 Übersicht über die Fuzzy-Trilogie

gegründet wurde. Weiterführende Literatur finden Sie in der gleichnamigen internationalen Forschungsreihe FMsquare unter https://www.springer.com/series/11223 des Springer Verlags in Heidelberg.

Last but not least: Ein dickes Dankeschön geht an Sabine Kathke von Springer Vieweg, Wiesbaden und an Jvana Manser von www.jvana.ch, Appenzell. Die Trilogie der Unschärfe wäre nicht zustande gekommen ohne ihre unermüdliche Unterstützung.

Mit den besten Grüßen aus der Schweiz, Andreas Meier und Edy Portmann

Andreas Meier
Edy Portmann

Inhaltsverzeichnis

Zum μ der unscharfen Logik 1

Schon die griechischen Philosophen stritten um den Begriff der Unschärfe bei der Wahrheitsfindung: Während Aristoteles (384–322 v. Chr.) Aussagen im Sinne der damaligen Mathematik in wahr und falsch unterteilte, vermutete Platon (428/427–348/347 v. Chr.) zwischen den beiden Wahrheitsbegriffen noch einen dritten Wahrheitsbereich.

Die klassische Logik folgt ebenfalls dem Prinzip der Dichotomie und lässt neben wahr und falsch keine weiteren Wahrheitswerte zu. Sie wurde im neunzehnten Jahrhundert von George Boole (1815–1864) und weiteren Mathematikern in algebraischer Form ausgedrückt, mit den bekannten Operatoren UND, ODER und NICHT. Die boolesche Algebra kennt demnach nur die beiden Werte 1 für wahr und 0 für falsch mit den Verknüpfungen der Konjunktion, Disjunktion und Negation.

Die unscharfe Logik (engl. fuzzy logic) wurde in den Sechzigerjahren des letzten Jahrhunderts von Lotfi Zadeh (1921–2017) erfunden und erfolgreich zur Steuerung in der Fahrzeug- und Regelungstechnik, in der Unterhaltungselektronik sowie in weiteren Industrieanwendungen eingesetzt. In unserem *essential* soll das Potenzial unscharfer Methoden auf betriebswirtschaftliche Untersuchungsgegenstände (Bojadziev und Bojadziev 1999; Grint 1997; Meier et al. 2019a) übertragen und zur Verbesserung des Managements im digitalen Zeitalter genutzt werden.

Entscheidungsfragen lassen sich bei anspruchsvollen Managementaufgaben nicht immer dichotom resp. scharf mit ja oder nein beantworten. Vielmehr geht es um ein Abwägen unterschiedlicher Einflussfaktoren und die Antwort für eine Problemlösung lautet oft ‚ja unter Vorbehalt‘ oder ‚sowohl als auch‘. Mit anderen Worten: Die Antwort ist unscharf (engl. fuzzy). Sie ist also nicht in jedem Fall richtig (Wahrheitswert 1) oder falsch (Wahrheitswert 0), sondern kann Werte zwischen 0 und 1 annehmen.

© Springer Fachmedien Wiesbaden GmbH, ein Teil von Springer Nature 2019
A. Meier und E. Portmann, *Fuzzy Management*, essentials,
https://doi.org/10.1007/978-3-658-26036-1_1

Ein Vorteil der unscharfen Logik liegt in der Tatsache, dass sie neben quantitativen Entscheidungsgrundlagen qualitative Einschätzungen sowie nicht-monetäre Größen einzubeziehen vermag. Um die beiden Anforderungen – Entscheidungsfindung bei vagem oder unpräzisem Sachverhalt und Berücksichtigung qualitativer Einflussfaktoren – in zukunftsträchtigen Informationssystemen systematisch abzudecken, müssen klassische Managementmethoden mit unscharfen Konzepten erweitert werden.

1.1   Scharfe versus unscharfe Mengen

Lotfi Zadeh hat 1965 mit seinem Forschungspapier ‚Fuzzy Sets' den Grundstein zur unscharfen Logik gesetzt (Zadeh 1965). Unscharfe Mengen sind Mengen, bei welchen man die Zugehörigkeit der Elemente zur Menge mit einer Zugehörigkeitsfunktion (engl. membership function) misst, die Werte auf dem Einheitsintervall [0,1] annehmen kann. Somit erweitert man eine klassische Menge von Elementen, indem man jedem Element noch sein Zugehörigkeitsmaß zur Menge mitgibt.

Wie erwähnt, basiert die klassische Logik auf einer zweielementigen Menge. Die Welt des Diskurses ist eine Schwarzweißlandschaft. Bei der unscharfen Logik hingegen sind Grautöne erlaubt. Sogar das ganze Spektrum wird zugelassen, d. h. es gibt unendlich viele Abstufungen zwischen weiß und schwarz. Diese differenzierte Sicht der Dinge war lange Zeit umstritten, bis man in der Steuerungstechnik damit erste Erfolge erzielte. Japan spielte dabei eine Vorreiterrolle, indem das Ministry of International Trade and Industry (MITI) mit über vierzig Firmen ein Labor für die Anwendung der unscharfen Logik in der Technik gründete. Der Durchbruch der Fuzzy Control kam 1988, als Hitachi eine U-Bahn in der Stadt Sendai mit einem unscharfen Leitsystem in Betrieb nahm. Die Strecke war 13,6 km lang, das Fachpersonal wurde durch 16 automatisierte Haltestellen ersetzt. Zudem feierte die Technik einen weiteren Erfolg: Die U-Bahn mit automatisierter Steuerung bremste sanfter ab und verbrauchte weniger Treibstoff als bei der manuellen Bedienung mit den besten U-Bahnlockführern (nachzulesen in Kosko 1994).

In der klassischen Mengenlehre wird eine Menge A als eine Sammlung von wohlunterscheidbaren Elementen definiert. Die Mengenzugehörigkeitsfunktion, welche die Elemente der Menge A umfasst, ist eine charakteristische Funktion χ: Entweder gehört das Element zur Menge A oder es gehört nicht dazu. Etwas präziser formuliert: Falls X die Universalmenge ist (engl. universe of discourse) und A eine Teilmenge davon, d. h. $A \subset X$, dann ist die charakteristische Funktion

$\chi_A \colon X \to \{0, 1\}$. Mit anderen Worten: Jede klassische (oder scharfe) Menge lässt sich eindeutig durch die charakteristische Funktion definieren.

Möchte man den Begriff ‚Teenager' für eine scharfe Kundensegmentierung nutzen, wählt man sinnvollerweise das Alter als Unterscheidungsmerkmal. Grundsätzlich gehören alle Jugendlichen zur Menge der Teenager, falls ihr Alter zwischen dreizehn (thirteen) und neunzehn (nineteen) liegt:

$$\chi_{\text{Teenager}}(x) = \begin{cases} 1 & \text{für} \quad 13 \leq x \leq 19 \\ 0 & \text{für} \quad x < 13 \quad \text{und} \quad x > 19 \end{cases}$$

In Abb. 1.1 zeigen wir die klassische Begriffsbildung der scharfen Menge Teenager. Es sticht ins Auge, dass die scharfe Menge unserer Wahrnehmung der Teenager nicht gerecht wird: Einige Sekunden vor dem dreizehnten Geburtstag springt jede Person von der Klasse der Nicht-Teenager in die Klasse der Teenager. Am Ende des neunzehnten Lebensjahres erlebt der Teenager einen ähnlichen Schock, indem er binnen kürzester Zeit plötzlich nicht mehr Teenager ist.

Die unscharfe Menge der Teenager in Abb. 1.2 kommt unserer Wahrnehmungs- und Erfahrungsempfindung besser entgegen: Ein Teenager wächst langsam ins Teenageralter und verlässt sanft das Teenageralter. In unserem Beispiel

Abb. 1.1 Definition der scharfen Menge Teenager

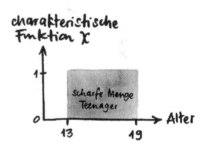

Abb. 1.2 Definition der unscharfen Menge Teenager

ist eine zehnjährige Person noch kein Teenager, d. h. die Zugehörigkeitsfunktion nimmt für das Alter 10 den Wert 0 an ($\mu(10) = 0,0$). Mit elf Jahren ist die betreffende Person zu einem Drittel ($\mu(11) = 0,33$), mit zwölf zu zwei Dritteln ($\mu(12) = 0,66$) und mit dreizehn dann voll Teenager ($\mu(13) = 1,0$). Analog fällt die unscharfe Menge der Teenager ab dem neunzehnten Altersjahr und endet mit dem zweiundzwanzigsten Geburtstag. Natürlich ist die Wahl der unscharfen Menge frei, d. h. die Marketingspezialisten, welche für Teenager beispielsweise einen kostengünstigen Mobiltarif anbieten wollen, müssen sich etwa überlegen, ab wann und bis wann das Teenagerdasein gelten und wie stark die jeweilige Zugehörigkeit definiert sein soll.

Lotfi Zadeh charakterisiert die unscharfen Mengen wie folgt: Ist X die Universalmenge und A eine Teilmenge davon, d. h. $A \subset X$, dann wird die unscharfe Menge A als $A = \{(x, \mu_A(x)) | x \in X\}$ definiert. Die Mengenzugehörigkeitsfunktion μ nimmt Werte auf dem Einheitsintervall an, d. h. $\mu_A \colon X \to [0, 1]$.

Eine unscharfe Menge A ist demnach eine Menge von Paaren der Form (x, $\mu_A(x)$), wobei zu jedem Element x auch sein Zugehörigkeitsgrad $\mu_A(x)$ zur Menge A mitgeliefert wird. Dieses Zugehörigkeitsmaß nimmt Werte zwischen 0 und 1 an und schließt natürlich auch 1 (wahr) und 0 (falsch) mit ein. Der Grad $\mu_A(x) = 1$ bedeutet volle Mengenzugehörigkeit, das heißt, x gehört zu 100 % zur Menge A. Der Wert 0 drückt aus, dass das Element x nicht zur Menge A gehört. Zudem sind alle Grauwerte zwischen 0 (schwarz) und 1 (weiß) zugelassen.

Im Detail wird die unscharfe Klasse Teenager wie folgt definiert:

$$\mu_{\text{Teenager}}(x) = \begin{cases} 1 & \text{für } 13 \leq x \leq 19 \\ \frac{x-10}{3} & \text{für } 10 \leq x \leq 13 \\ \frac{22-x}{3} & \text{für } 19 \leq x \leq 22 \\ 0 & \text{für } x \leq 10 \text{ und } x \geq 22 \end{cases}$$

Klassische Mengen können als Spezialfall unscharfer Mengen aufgefasst werden; alle Elemente einer scharfen Menge haben die Mengenzugehörigkeit 1 und die übrigen Elemente 0. Unscharfe Mengen erfassen die Realität besser, da sie entsprechend der menschlichen Wahrnehmung Differenzierungen zulassen. Werden Kundensegmente unscharf gebildet, so überlappen sich die einzelnen Kundensegmente, wie in Abb. 1.3 aufgezeigt. Als Beispiel: Teenager verändern sich nach dem neunzehnten Altersjahr kontinuierlich und wachsen auf natürliche Weise in die Gruppe Jugendliche.

Falls Marketingspezialisten analog der Abb. 1.3 unscharfe Kundensegmente wählen, dann überlappen sich die einzelnen Segmente (Hruschka 1986). Eine Person kann demnach gleichzeitig zur Klasse der Teenager wie auch zur Klasse der Jugendlichen gehören. In Abb. 1.3 ist jede Person im Alter von 20,5 Jahren zu 50 %

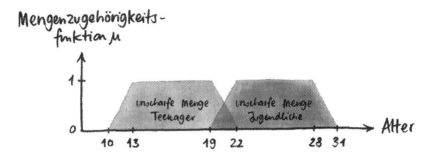

Abb. 1.3 Kontinuierliche Übergänge sind bei unscharfen Klassen möglich

Teenager und zu 50 % ein Mitglied der Jugendlichen. Scharfe Grenzen zwischen einzelnen Klassen verschwinden demnach (Meier et al. 2008; Meier und Werro 2007; Werro 2015). Zudem kann man mit unscharfen Mengen Durchschnitte (t-norms) oder Vereinigungen (t-conorms) bilden und es existiert eine große Anzahl weiterer Operatoren (vgl. Buckley und Eslami 2002; Wang et al. 2009).

1.2 Unscharfe Logik und linguistische Variablen

Die klassische Logik ist eine Zweiwertlogik, da sie nur die Werte 1 und 0 annehmen kann. Die unscharfe Logik ist eine Mehrwertlogik (Bergmann 2008), denn sie lässt unendlich viele Wahrheitswerte zu. Damit können Differenzierungen gemacht werden: Eine klassische Proposition (Aussage) ist entweder wahr oder falsch, eine unscharfe Aussage ist zu einem bestimmten Grad wahr oder falsch. Beispielsweise ist eine elfjährige Person x gemäß der Definition der Teenager aus Abb. 1.2 zu einem Drittel Teenager ($\mu(x) = 0{,}333$).

Damit bei der Nutzung eines Informationssystems die Anwender sich nicht mit mathematischen Formeln oder unscharfen Operatoren herumschlagen müssen, werden unscharfe Konzepte mit linguistischen Variablen und Termen aus dem Sprachgebrauch der Anwender benutzt. Die Abb. 1.4 illustriert unsere unscharfe Kundensegmentierung anhand der drei Kundensegmente Kind, Teenager und Jugendliche.

Variablen, deren Werte Worte sind, werden als linguistische Variablen bezeichnet. In Abb. 1.4 ist das Alter eine solche linguistische Variable, kann sie doch als Wert die Begriffe oder linguistischen Terme Kind, Teenager oder Jugendliche annehmen. Dahinter stehen unscharfe Mengen, die die linguistischen Konzepte im Detail definieren.

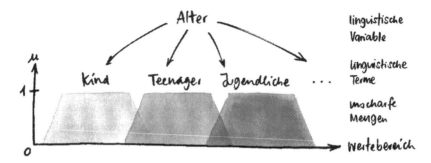

Abb. 1.4 Linguistische Variablen und Terme zur Charakterisierung unscharfer Mengen

Das Potenzial der unscharfen Logik ist offensichtlich: Die Nutzer von Fuzzy-Based Systems interagieren mit diesen Systemen in ihren gewohnten natürlichen Sprachen. Die dahinterliegende Technik verwendet präzise mathematische Konstrukte (unscharfe Mengen und unscharfe Operatoren), um damit symbolisches Rechnen zu gewährleisten. Dies ist auch die Geburtsstunde von Computing with Words (vgl. Trilogie Teil III – Fuzzy Humanist).

Als Beispiel betrachten wir die beiden Sprachen ‚Structured Query Language' (SQL, Chamberlin 1976) und ‚fuzzy Classification Query Language' (fCQL, Schindler 1998; Meier et al. 2005; Meier et al. 2008).

SQL ist eine international standardisierte Abfragesprache für relationale Datenbanken und wie folgt aufgebaut (Meier und Kaufmann 2016):

select　　Merkmale der Resultatstabelle
from　　Tabellen des Suchraums
where　　Selektionsprädikate

Als Beispiel ist eine SQL-Abfrage in Abb. 1.5 gegeben. Hier wird aus der Kundentabelle (Input) nach allen Kunden mit Kundennummer und Kundenname gesucht (Output), die einen Umsatz zwischen 500 EUR und 1000 EUR generiert haben (Selektionsprädikat). Es ist offensichtlich, dass die Abfrage sich auf scharfe Mengen mit scharfen Grenzen bezieht und keine Kunden ausgibt, die 499 EUR oder 1001 EUR Umsatz generiert haben.

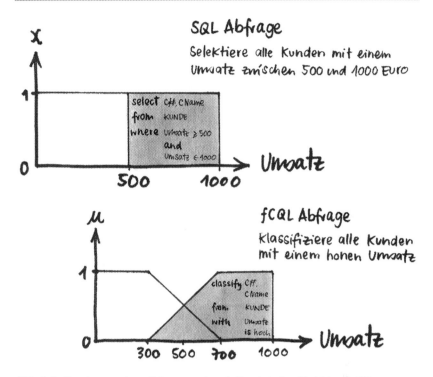

Abb. 1.5 Erweiterung einer Abfragesprache mit linguistischen Variablen und Termen

Die fCQL ist eine Abfragesprache, die mit linguistischen Variablen und Termen umgehen kann. Die Struktur lautet wie folgt:

classify Merkmale
from Tabellen des Suchraums
with unscharfe Klassifikationsprädikate

In der with-Klausel von fCQL formuliert der Anwender seine Abfragen mithilfe linguistischer Variablen und Terme. In Abb. 1.5 möchte er alle Kunden erkennen, die einen hohen Umsatz (d. h. ‚Umsatz **is** hoch') generiert haben. Das Datenbanksystem übersetzt das unscharfe Prädikat mithilfe der unscharfen Menge für hohen Umsatz und gibt alle Kunden aus, die einen Umsatz ab 300 EUR gemacht haben. Zudem wird dem Anwender aufgezeigt, wie stark die Kunden mit Umsatz zwischen 300 EUR und 700 EUR beim hohen Umsatz beteiligt sind. Die übrigen Kunden mit Umsatz größer 700 EUR zählen alle zu 100 % zu den Kunden mit hohem Umsatz.

1.3   Erweiterung der unscharfen Logik

Die unscharfe Logik mit unendlich vielen Wahrheitswerten ist aus der klassischen Logik mit den beiden Werten wahr und falsch hervorgegangen. Die klassische Logik mit dem Wertvorrat {0,1} ist ein Spezialfall der unscharfen Logik mit dem Einheitsintervall [0,1]. Natürlich vollzog sich diese Entwicklung über das Studium einer Dreiwertlogik mit der Auffassung, dass die Wahrheit oft zwischen wahr und falsch zu suchen ist (vgl. z. B. Dreiwert- und Mehrwertlogiken von Jan Łukasiewicz, z. B. in Bergmann 2008). Das Studium von Mehrwertlogiken mit endlich vielen Wahrheitswerten motivierte Lotfi Zadeh, diese zur unscharfen Logik zu erweitern.

Der Mathematiker Krassimir Atanassov aus Bulgarien hat 1983 die unscharfe Menge mit ihrer Mengenzugehörigkeitsfunktion μ erweitert, indem er die Nicht-Mengenzugehörigkeitsfunktion v (engl. non-membership function) dazu nahm. Er nannte diese Mengen ‚auf Intuition basierende unscharfe Mengen' (engl. Intuitionistic Fuzzy Sets oder IFS) und studierte deren Eigenschaften (Atanassov 2012, 2016).

Krassimir Atanassov definiert seine auf Intuition basierende unscharfe Menge (IFS) wie folgt: Ist X die Universalmenge und A eine Teilmenge davon, d. h. $A \subset X$, dann wird die IFS A als $A = \{ (x, \mu_A(x), v_A(x)) | x \in X \}$ definiert. Die Mengenzugehörigkeitsfunktion μ wie die Nicht-Mengenzugehörigkeitsfunktion v nehmen Werte auf dem Einheitsintervall an, d. h. $\mu_A: X \to [0, 1]$ und $v_A: X \to [0, 1]$. Zudem gilt für jedes Element x aus X:

$$0 \leq \mu_A(x) + v_A(x) \leq 1$$

Es ist offensichtlich, dass unscharfe Mengen einen Spezialfall der auf Intuition basierenden unscharfen Mengen darstellen. Unscharfe Mengen A haben gemäß Abb. 1.6 (oberes Balkendiagramm) die folgende Form: $A = \{(x, \mu_A(x), 1 - \mu_A(x)) | x \in X\}$.
Nun setzen wir

$$\pi_A(x) = 1 - \mu_A(x) - v_A(x)$$

und nennen $\pi_A(x)$ den Grad der Unsicherheit bezüglich der Mengenzugehörigkeit des Elementes x zur Menge A. Damit können wir eine auf Intuition basierende unscharfe Menge A gemäß Abb. 1.6 (unteres Balkendiagramm) wie folgt interpretieren:

Die auf Intuition basierende Menge A zerfällt in drei Teile: Der erste Teil enthält alle Elemente x, die zu einem bestimmten Grad zur Menge A gehören, d. h. deren Mengenzugehörigkeit $\mu_A(x) \geq 0$. Der dritte Teil listet alle Elemente x, die

Grafische Darstellung fuzzy Set

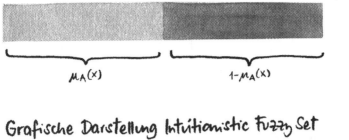

$\mu_A(x)$ $1-\mu_A(x)$

Grafische Darstellung Intuitionistic fuzzy Set

0                 $\mu_A(x)$ $1-v_A(x)$ 1

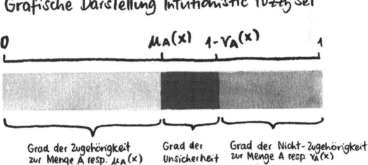

Grad der Zugehörigkeit   Grad der   Grad der Nicht-Zugehörigkeit
zur Menge A resp. $\mu_A(x)$ Unsicherheit   zur Menge A resp. $v_A(x)$
                                 resp. $\pi_A(x)$

Abb. 1.6 Unterschied zwischen unscharfen und auf Intuition basierenden unscharfen Mengen

nicht zur Menge A gehören, d. h. mit $v_A(x) \geq 0$. Der mittlere Teil, charakterisiert durch die Funktion $\pi_A(x)$, drückt den Grad der Unsicherheit aus. Bei diesen Elementen kann nicht festgestellt werden, ob sie zu einem gewissen Grad zur Menge A oder zu ¬A, d. h. nicht zur Menge A, gehören.

Am besten illustrieren wir das Potenzial der auf Intuition basierenden Mengen anhand eines kleinen Beispiels, das Krassimir Atanassov in ähnlicher Form zur Motivation von Studierenden verwendet (Abb. 1.7): Becker und Huber haben eine Schachtel mit zehn Schokoladenbärchen in Bern gekauft (*Anmerkung:* Der Bär schmückt das Wappen der Berner; zudem gibt es den Bärengraben in der Stadt Bern mit echten Bären; für Touristen werden Bären in Schokolade gegossen und in Zehner-Packungen verkauft). Becker verspeist 7 Bären, Huber 2 und 1 Bär fällt aus der Schachtel. Da taucht Schweizer auf und Huber entschuldigt sich: „Lieber Schweizer, ich kann dir keinen Schokoladenbären offerieren, da Becker alle gegessen hat."

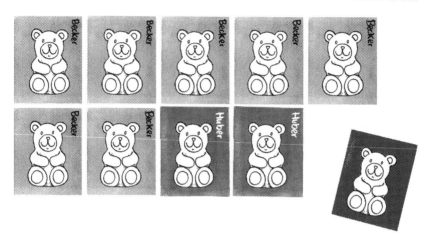

Abb. 1.7 Schachtel mit Schokoladenbären

Nun möchten wir den Wahrheitsgehalt der Aussage von Huber überprüfen. Starten wir mit der klassischen Logik, welche die beiden Werte wahr (1) und falsch (0) unterscheidet. Klar folgern wir, dass die Aussage von Huber falsch ist und den Wert 0 erhält, denn Becker hat nicht alle Schokoladenbären gegessen, da Huber am Bärenschmaus ebenfalls beteiligt war.

Rein intuitiv finden wir jedoch, dass obige Aussage von Huber mit ‚Becker hat alle gegessen' näher bei wahr als bei falsch liegen müsste. Die Dreiwertlogik von Jan Łukasiewicz mit den Wahrheitswerten {0, 1/2, 1} kommt dieser Wertung entgegen. Mit der Dreiwertlogik würden wir folgern: Die Aussage von Huber ist zu 0,5 resp. zu 50 % wahr.

Später hat Jan Łukasiewicz seine Dreiwertlogik zur Mehrwertlogik erweitert. Würden wir aufgrund des konkreten Beispiels eine 11-Wertlogik mit {0, 1/10, 2/10, …, 9/10, 1} anwenden, kämen wir der Wahrheit näher und würden folgern: Die Aussage von Huber ist zu 7/10 wahr. Allerding würden wir Schwierigkeiten resp. ungenauen Bewertungen begegnen, wenn wir andere Mehrwertlogiken anstelle der 11-Wertlogik verwenden würden.

Mit der unscharfen Logik von Lotfi Zadeh würden wir ebenfalls folgern, dass die Aussage von Huber zu 0,7 wahr ist. Die erweiterte Logik von Krassimir Atanassov hingegen erfasst die Situation differenzierter:

- Die Aussage von Huber ist zu 0,7 wahr.
- Die Aussage von Huber ist zu 0,2 falsch.
- Die Unsicherheit zur Aussage von Huber beträgt 0,1.

Am besten schneidet also die auf Intuition basierende unscharfe Logik von Krassimir Atanassov ab.

Fazit: Die auf Intuition basierende unscharfe Logik erweitert die unscharfe Logik, indem sie neben der Mengenzugehörigkeit die Nicht-Mengenzugehörigkeit sowie die Unsicherheit explizit modelliert. Damit lassen sich differenzierte Schlüsse zu einem Sachverhalt ziehen. Im Bereich des Performance Measurement z. B. hilft diese erweiterte Logik, Kennzahlen auf unterschiedlichen Aggregationsebenen facettenreich zu interpretieren und damit aussagekräftigere Handlungsoptionen zu diskutieren (vgl. Abschnitt über unscharfes Service Level Engineering in Kap. 3).

Portfolio Management

2

Das Portfolio Management bezweckt das Verwalten und Entwickeln eines Bestandes von Vermögenswerten anhand klarer Zielvorgaben. Als Vermögenswerte (engl. assets) können dabei Personen- oder Interessengruppen (Lieferanten, Kunden, Mitarbeitende, Führungskräfte, Kapitalgeber, Öffentlichkeit etc.), Finanzmittel (Aktien, Derivate, kryptografische Währungen wie Bitcoins, Anleihen etc.), Immobilien und Anlagen, Dienstleistungen (Versicherungen, Zertifikate, Smart Contracts), Waren (Rohstoffe, Güter etc.) oder andere Wertgegenstände (Schmuck, Kunstgegenstände, Antiquitäten etc.) verstanden werden.

Das Portfolio Management wird oft mit Hilfe von Informationssystemen betrieben, um Kosten einzusparen und Synergien unter Zuhilfenahme von Data Mining auszuschöpfen. Im Folgenden betrachten wir ein einfaches Kundenportfolio, das mit unscharfen Methoden verwaltet werden soll (Meier und Werro 2018). Dazu starten wir mit einem Portfolio mit klassischen Segmenten, also mit scharfen Kundenklassen. Aufgrund bedeutender Probleme mit scharfen Kundenklassen führen wir danach ein unscharfes Portfolio ein, um die Kunden individuell und differenziert bedienen zu können.

2.1 Klassisches Kundenportfolio

Das Kundenportfolio soll lediglich zwei Bewertungskriterien aufweisen, nämlich Umsatz als monetäre Größe und Treue als weicher Wert (Meier und Werro 2007; Werro 2015). Die beiden Kriterien sind bewusst gewählt, da mit dem

---

Dieses Kapitel beruht auf dem Beitrag ‚Unscharfes Portfolio Management – Nutzenpotenziale' von Meier und Werro (2018).

© Springer Fachmedien Wiesbaden GmbH, ein Teil von Springer Nature 2019
A. Meier und E. Portmann, *Fuzzy Management,* essentials,
https://doi.org/10.1007/978-3-658-26036-1_2

Umsatz ein quantitatives und mit der Treue ein qualitatives Merkmal illustriert werden kann. Selbstverständlich lässt sich das einfache Portfolio ohne Probleme verallgemeinern, indem mehrere Bewertungskriterien gleichzeitig festlegt und in einem mehrdimensionalen Analyseraum dargestellt werden (vgl. Business Intelligence, Data Science resp. Big Data Analytics, z. B. in D'Onofrio und Meier 2019). Alternativ dazu könnte eine hierarchische Dekomposition der Bewertungskriterien die Komplexität reduzieren, was einem oft angewendeten Ansatz im Controlling entsprechen würde.

Die beiden Bewertungskriterien ‚Umsatz' und ‚Treue' sollen für die weitere Diskussion mit je zwei Äquivalenzklassen wie folgt festgelegt werden:

- *Umsatz:* Der Wertebereich für den Umsatz soll von 0 EUR bis 1000 EUR aufgespannt sein. Zudem werden die beiden Äquivalenzklassen für kleinen Umsatz von 0 EUR bis 499 EUR und für großen von 500 EUR bis 1000 EUR festgelegt.
- *Treue:* Die Kundentreue wird mit den qualitativen Attributwerten top, gut, schwach und schlecht charakterisiert. Als Äquivalenzklassen sollen top respektive gut für positive Treue und schwach respektive schlecht für negative Treue dienen.

Das Kundenportfolio mit den gewählten Bewertungskriterien ergibt die vier Äquivalenzklassen C_1, C_2, C_3 und C_4 (vgl. Abb. 2.1). Die inhaltliche Bedeutung der Klassen wird darin durch semantische Klassennamen ausgedrückt; so wird etwa für Kunden mit kleinem Umsatz und schwacher Treue die Bezeichnung ‚Don't Invest' für die Klasse C_4 gewählt. Die Topklasse C_1 wird mit der Bezeichnung ‚Commit Customer' versehen. Entsprechend trägt die Klasse C_2 den Namen ‚Improve Loyalty', da hier die Kunden einen großen Umsatz generieren, in der Treuebeziehung jedoch negativ sind. Schließlich definiert die Klasse C_3 mit ‚Augment Turnover' die Kunden mit kleinem Umsatz und positiver Treue.

Das Kundenbeziehungsmanagement ermöglicht, anstelle produktbezogener Argumentationslisten und Anstrengungen, die kundenindividuellen Wünsche und das Kundenverhalten miteinzubeziehen. Sollen Kunden als Vermögenswert (engl. customer equity, siehe z. B. Blattberg et al. 2001) aufgefasst werden, so müssen sie entsprechend ihrem Markt- und Ressourcenpotenzial behandelt werden. Mit scharfen Klassen oder traditionellen Kundensegmenten ist dies jedoch kaum möglich, da alle Kunden in einer Klasse gleichbehandelt werden.

In Abb. 2.1 bspw. besitzen Becker und Huber einen ähnlichen Umsatz und zeigen ein ähnliches Treueverhalten. Trotzdem werden sie bei einer scharfen Segmentierung unterschiedlich klassifiziert: Becker gehört zur Premiumklasse C_1

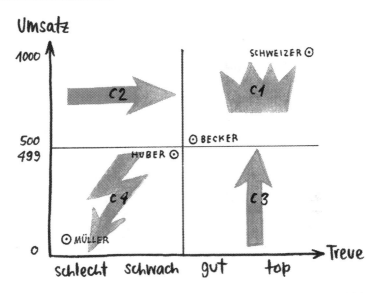

Abb. 2.1 Scharfe Kundenklassifikation mit Konfliktpotenzial. (Angelehnt an Meier und Werro 2007)

(Commit Customer) und Huber zur Verliererklasse C_4 (Don't Invest). Zusätzlich wird der topgesetzte Kunde Schweizer gleichbehandelt wie Becker, da beide zum Segment C_1 gehören.

Gemäß Abb. 2.1 können bei einer scharfen Kundensegmentierung folgende Konfliktsituationen auftreten:

- Kunde Becker hat wenig Anreiz, seinen Umsatz zu steigern oder die Kundenbindung und -treue zu verbessern. Er liegt in der Premiumklasse C_1 und genießt die entsprechenden Privilegien.
- Kunde Becker kann überrascht werden, falls sein Umsatz ein wenig zurückgeht oder sein Treuebonus abnimmt. Plötzlich sieht er sich einem anderen Kundensegment zugeordnet; im Extremfall fällt er von der Premiumklasse C_1 in die Verliererklasse C_4.
- Kunde Huber verfügt über einen ordentlichen Umsatz und eine mittlere Kundentreue, wird aber als Verlierer behandelt. Es wird kaum überraschen, wenn sich Huber im Markt umsieht und abspringt.
- Eine scharfe Kundensegmentierung lässt auch für Kunde Schweizer eine kritische Situation entstehen. Er ist im Moment der profitabelste Kunde mit

ausgezeichnetem Ruf, wird aber vom Unternehmen leider nicht entsprechend seinem Kundenwert wahrgenommen und behandelt.

Die hier exemplarisch aufgezeigten Konfliktsituationen können entschärft oder eliminiert werden, wenn unscharfe Kundenklassen gebildet werden.

2.2   Unscharfes Kundenportfolio

Die Abb. 2.2 illustriert eine unscharfe Kundenklassifikation, wobei für das Bewertungskriterium Umsatz die beiden Zugehörigkeitsfunktionen $\mu_{groß}$ für einen Umsatz zwischen 500 EUR und 1000 EUR und μ_{klein} für einen Umsatz unter 500 EUR gewählt wurden. Entsprechend sind für die beiden Äquivalenzklassen der Treue ebenfalls Zugehörigkeitsfunktionen festgelegt; so beschreibt $\mu_{positiv}$ die Mengenzugehörigkeit für herausragende Kundentreue (top resp. gut) und $\mu_{negativ}$ für eine schwache oder schlechte Treue.

Bei der unscharfen Kundenklassifikation kann für einen bestimmten Kunden die Treue eines Kunden gleichzeitig positiv und negativ sein; zum Beispiel ist die Zugehörigkeit von Becker zur unscharfen Menge $\mu_{positiv}$ 0,66 und diejenige zur Menge $\mu_{negativ}$ ist 0,33. Der Treuegrad von Becker ist also nicht ausschließlich positiv oder negativ wie bei einer scharfen Klasse. Die Zugehörigkeitsfunktionen $\mu_{positiv}$ und $\mu_{negativ}$ bewirken, dass der Wertebereich der Treue unscharf partitioniert wird. Analog ist der Wertebereich des Umsatzes durch die beiden Zugehörigkeitsfunktionen $\mu_{groß}$ und μ_{klein} unterteilt. Dadurch entstehen vier Klassen C_1, C_2, C_3 und C_4 mit kontinuierlichen Übergängen.

Der Wert eines Kunden berechnet sich, indem alle Wertanteile entlang der Achsen eines eventuell mehrdimensionalen Würfels aggregiert und gegebenenfalls normiert werden. Nehmen wir als Beispiel den Kunden Becker aus Abb. 2.2: Sein Anteil zum großen Umsatz sowie sein Anteil zur positiven Treue wird mit einer spezifischen Aggregationsfunktion[1] der unscharfen Logik berechnet und

---

[1]Im Forschungszentrum Fuzzy Management Methods der Universität Fribourg/Schweiz (www.FMsquare.org) verwenden wir in den meisten Fällen den sogenannten γ-Operator, der einem kompensatorischen UND entspricht und empirisch getestet als sinnvoll erachtet wird. Er berechnet ein ausgewogenes Mittelmaß zwischen den unterschiedlichen Bewertungsachsen, wobei die Ausgewogenheit mit der Wahl des γ-Wertes zwischen 0 und 1 eingestellt werden kann. Für Interessierte verweisen wir auf die weiterführenden Literaturquellen.

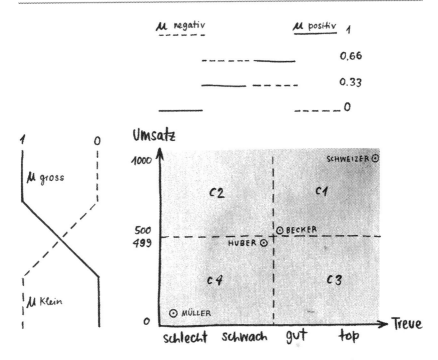

Abb. 2.2 Unscharfe Kundenklassifikation mit individuellen Kundenwerten. (Angelehnt an Meier und Werro 2007)

normiert. Dadurch ergibt sich ein aggregierter Zugehörigkeitswert von Becker zur Premiumklasse C_1. Entsprechend lassen sich die aggregierten Zugehörigkeitswerte von Becker zu den andern Klassen C_2, C_3 und C_4 berechnen. Extremwerte für die Aggregationsfunktion finden sich für die beiden Kunden Schweizer und Müller: Der Kunde Schweizer hat mit 1,0 einen großen Umsatz und zeigt mit 1,0 ein positives Treueverhalten; in Summe würde er normiert ebenfalls 1,0 als Mengenzughörigkeit zu C_1 erhalten (resp. Schweizer gehört zu 100 % zur Klasse C_1). Entsprechend wären seine Anteile in den übrigen Klassen C_2, C_3 und C_4 jeweils 0,0 (resp. 0 %). Müller hingegen wäre zu 100 % in der Verliererklasse C_4 und hätte 0 % Anteile in den restlichen Klassen beziehungsweise Kundensegmenten C_1, C_2 und C_3.

Unscharfe Kunden- oder Produktklassifikationen erlauben, der Individualisierung des elektronischen Massenmarktes (Mass Customization) besser gerecht zu werden (vgl. Meier und Donzé 2012). Da jeder Kunde im mehrdimensionalen

Klassifikationsraum einen individuellen, aggregierten Kundenwert aufweist, können Differenzierungen im Kundenbeziehungsmanagement vorgenommen werden. Gleichzeitig ist es möglich, Klassen oder Teilklassen von Kunden mit ähnlichem Kaufverhalten oder mit ähnlichen Produktpräferenzen zu extrahieren, um so gezielte Marketingkampagnen durchführen zu können.

2.3   Entwicklungsspur von Kunden

Wir stützen uns auf obiges Kundenportfolio. Der Einfachheit halber beschränken wir uns wiederum auf die beiden Dimensionen Umsatz und Treue. Im konkreten Fall müssten mehrere Kennzahlen verfolgt bzw. eine Hierarchie von Kennzahlen hergeleitet werden, um die Kundenbewegungen ganzheitlich erfassen zu können.

In Abb. 2.3 ist die Entwicklung des Kunden Becker über einen Zeitraum von sechs Quartalen aufgezeichnet. Wichtig ist dabei, dass der Kundenwert mit Hilfe

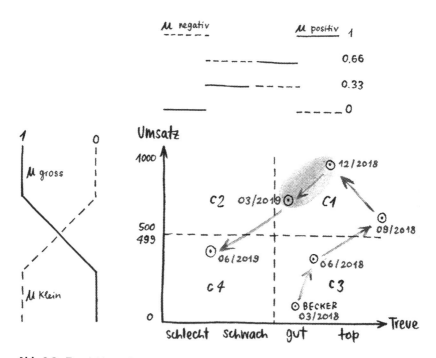

Abb. 2.3 Entwicklung eines Kunden im Zeitverlauf. (Angelehnt an Werro 2015)

der unscharfen Logik individuell berechnet wird. So startet Becker im März 2018 mit einem bescheidenen Umsatz und guter Treue. Im Laufe des Jahres steigert er quartalsweise seinen Umsatz und wächst von der Kundenklasse C_3 (Improve Turnover) in die Premiumklasse C_1 (Commit Customer). Nun ist sein Umsatz groß und seine Treue zwischen gut und top. Zu Beginn des Jahres 2019 fällt hingegen sein Umsatz stetig, gleichzeitig verschlechtert sich die Treue und schließlich landet Becker im Verlierersegment C_4 (Don't Invest).

Welche Schlüsse können die Kundenverantwortlichen nun ziehen? Welche präventiven Maßnahmen drängen sich auf, damit Becker dem Unternehmen als Kunde erhalten bleibt?

In der kritischen Phase des ersten halben Jahres 2019 bricht der Umsatz von Becker zusammen. Mit Hilfe von geeigneten Techniken (z. B. Trigger-Mechanismen im Datenbankbereich) werden die Marketingverantwortlichen vor einer Katastrophe frühzeitig vom Informationssystem gewarnt. Sie können bereits im ersten Quartal 2019 mit dem Kunden Becker Kontakt aufnehmen und die Ursachen des negativen Trends evaluieren. Würden homogene und scharfe Kundenklassen vorliegen, wäre dies nicht möglich.

Bei unscharfer Klassifikation können die Verantwortlichen des Marketings oder Verkaufs die Ursachen eines negativen Trends frühzeitig klären: Hängt es mit der Zufriedenheit des Kunden zusammen? Wurde eine Dienstleistung in schlechter Qualität erbracht? Sind andere Lebensumstände der Grund für einen Umsatzeinbruch? Weshalb nimmt die Treue ab?

Im Beispiel fällt auf, dass neben dem Umsatzrückgang gleichzeitig die Treue abnimmt. Abhängig von der Ausgestaltung der Kennzahl für die Treue kann evaluiert werden, was die Gründe dafür sind: Schlechte Zahlungsmoral von Becker, zu wenig wahrgenommene Reklamationen gegenüber dem Unternehmen, weitere Unmutsäußerungen in sozialen Medien?

2.4 Individualisierte Marketingkampagne

Es entspricht einer Binsenwahrheit und ist verschiedentlich belegt worden, dass die Akquisition von Kunden teurer ist, als die Pflege des bereits bestehenden Kundenstamms (vgl. Blattberg et al. 2001). Werden die Kundenwerte differenziert mit monetären und nicht-monetären Komponenten berechnet (vgl. Performance Measurement in Kap. 3), so lassen sich gezielte Marketingkampagnen planen. Dazu wird etwa ein Fuzzy Customer Data Warehouse (Fasel 2014) eingesetzt, um geeignete Kunden für erfolgversprechende Verkaufsmaßnahmen zu extrahieren.

In Abb. 2.4 ist ein mögliches Szenario für eine Marketingkampagne grob skizziert. Die Zielsetzung lautet, Kunden mit ungenügendem Umsatz für anderslagerte oder höherwertigere Produkte und Dienstleistungen zu gewinnen (engl. cross- und up-selling). Was hier einfach klingt, muss anhand der bestehenden Kundenbasis und des individuellen Verhaltens einzelner Kunden im Detail analysiert werden. So zeigen bspw. Kunden in der Premiumklasse auf, wie sie aus tieferliegenden Kundensegmenten in die höherwertigen aufgestiegen sind. Zudem können die Präferenzen ähnlicher Kunden studiert werden. Durch Einsatz geeigneter Data-Mining-Algorithmen kann auf das mögliche Verhalten der Zielgruppe geschlossen werden.

Ist eine Testgruppe im Segment ‚Augment Turnover' festgelegt, kann für diese Kunden ein zugeschnittenes Angebot unterbreitet werden. Auf webbasierten Plattformen wird nun die Reaktion der angeschriebenen Kunden sukzessive verfolgt. Dank der individuellen Berechnung des Kundenwertes gelingt es

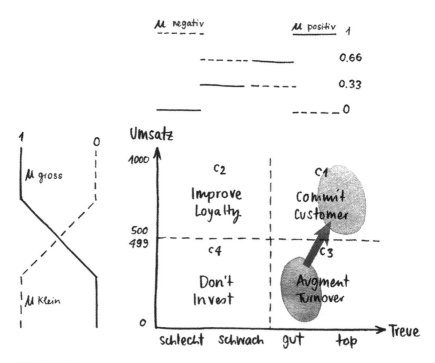

Abb. 2.4 Testgruppe für Marketingkampagne. (Angelehnt an Werro 2015)

herauszufinden, ob sich die angesprochenen Kunden in die gewünschte Richtung ins Premiumsegment bewegen. Falls ein genügender Teil der angesprochenen Kunden Umsatzsteigerungen und/oder Treuezunahmen verzeichnet, kann der Test als erfolgreich angesehen und auf weitere Kunden ausgedehnt werden. Eine Implementierung dieses Ansatzes wurde u. a. bei Postfinance AG in der Schweiz erprobt (siehe Kaufmann 2014, S. 52 ff.).

Neben der Bearbeitung der bestehenden Kundenbasis lohnt es sich zudem, bereits abgesprungene Kunden mit ehemals interessanter Kundenentwicklung zurück zu gewinnen.

2.5 Lessons Learned

Die Erläuterungen zum unscharfen Kundenportfolio, zur Evolution von Kunden, zu Marketingkampagnen und zahlreiche erfolgreiche Fallstudien aus dem betrieblichen Alltag untermauern das Potenzial der unscharfen Logik (vgl. internationale Forschungsbuchreihe über ‚Fuzzy Management Methods' von Meier et al. 2019a). Zusammengefasst ergeben sich die folgenden Vorteile beim unscharfen Portfolio Management:

- Für unscharfe Auswertungen und Analysen können die Marketingspezialisten und Anwender ihre gewohnten Begriffe verwenden (z. B. linguistische Variable Umsatz mit den Termen groß und klein). Erweiterte Klassifikationsabfragen (z. B. extrahiere alle Kunden mit großem Umsatz und positiver Treue) sind damit intuitiv und einfach durchführbar.
- Der Einbezug vager oder unvollständiger Sachverhalte im Entscheidungsfindungsprozess ist möglich. Zum Beispiel erlauben unscharfe Methoden, qualitative resp. subjektive Einschätzungen der Kundenbeziehungen zu modellieren und einzubeziehen. Die Berücksichtigung weicher Indikatoren ermöglicht es demnach, die Entscheidungsfindungsprozesse zu differenzieren und zu verbessern.
- Kunden mit Entwicklungspotenzial werden frühzeitig erkannt. Bei scharfen Klassifikationsgrenzen fallen Kunden mit Potenzial kaum auf, da alle Kunden pro Klasse dasselbe Rating erhalten. Falls ein qualifizierendes Merkmal für die Kundenklassifikation schlecht oder wenig ausgeprägt ist, kann es vorkommen, dass der Kunde eine schlechte Gesamtbewertung erhält (z. B. Studierende mit kleinem oder keinem Einkommen). Mit Hilfe von Mengenzugehörigkeitswerten werden hingegen nicht nur Kunden mit Potenzial, sondern auch gefährdete Kunden frühzeitig erkannt.

- Die Bewegung eines Kunden im mehrdimensionalen Bewertungsraum lässt sich mit Monitorsystemen laufend überwachen. Bei negativen Trends können Warnsignale an die Verantwortlichen des Kundenbeziehungsmanagements gesendet und geeignete Maßnahmen ins Auge gefasst werden.
- Dank der unscharfen Logik ist die Bildung von individuellen Subgruppen aus der Kundenbasis jederzeit herleitbar. Beispielsweise kann die Teilmenge der ‚besten' drei, fünf, zwanzig oder fünfzig Kunden angezeigt werden, da die Kundenwerte sortiert vorliegen. Zudem kann mit geeigneten Operatoren der unscharfen Logik (z. B. durch die Nutzung des sogenannten α-Cuts[2]) ohne großen Aufwand dasjenige Kundensegment berechnet werden, welches z. B. dem Fünftel der wichtigsten Kunden entspricht (dazu wäre der α-Cut mit $\alpha \geq 0, 8$ zu wählen).
- Marketingkampagnen sind teuer. Mithilfe kleiner Testgruppen kann geprüft werden, ob sich eine Ausdehnung lohnt oder nicht. Verschieben sich die angeschriebenen Kundinnen und Kunden in die gewünschte Richtung und entspricht die Steigerung des Kundenkapitals dieser Testgruppe der Zielsetzung, kann die Kampagne ausgedehnt werden (vgl. Inductive Fuzzy Classification in Kaufmann 2014 resp. Kaufmann et al. 2015).
- Die Individualisierung des Massenmarktes ist möglich. Der Trend nach individualisierten Produkten und Dienstleistungen ist speziell im elektronischen Markt ungebrochen. Allerdings sollten individualisierte Angebote und Dienstleistungen fair sein: Das heißt Nachfrager mit ähnlichem Kundenwert sollten ähnliche Preise oder Rabatte erhalten (Werro et al. 2005). Da die Mengenzugehörigkeit (hier Kundenwert) für jeden Kunden individuell berechnet werden kann, bieten unscharfe Mengen eine Grundlage für Personalisierungskonzepte.

Das Potenzial der unscharfen Logik im betriebswirtschaftlichen Umfeld ist also groß. Allerdings sind es aufgrund der Erfahrung mit einigen Fallbeispielen auch Nachteile zu nennen: Führungskräfte und Marketingspezialisten bevorzugen die Anwendung gewohnter Führungsmethoden und zeigen sich skeptisch beim Prüfen von Alternativen. Hinzu kommt, dass ein mathematisch fundierter Ansatz mit unscharfen Mengen und unscharfer Logik heute noch viele Führungskräfte überfordert. Insbesondere ist schwer nachvollziehbar, dass ein Element (z. B. Kunde, Produkt etc.) einer Menge gleichzeitig zu mehreren Klassifikationsmengen

---

[2]Ein α-Cut einer unscharfen Menge A entspricht einer traditionellen Menge A_α, welche alle Elemente der Universalmenge X beinhaltet, die einen Zugehörigkeitsgrad größer als der durch α spezifizierte Wert haben.

gehören kann. Schwierig ist zu vermitteln, dass jede Messung von Kennzahlen mit Unsicherheiten behaftet ist. Einige Forscher versuchen deshalb, dieser Unsicherheit mit statistischen Methoden unscharfer Zahlen zu begegnen (vgl. Viertl 2011).

Trotz der oben beschriebenen Bedenken sind in den letzten Jahren erfolgversprechende Anwendungen mit unscharfer Logik vorangetrieben worden. Eine Auswahl von Anwendungen aus Marketing, Produktmanagement, Performance Measurement, Customer Relationship Management oder Service Management findet sich in der internationalen Buchreihe Fuzzy Management Methods des Springer Verlags (Meier et al. 2019a) resp. im Jubiläumsband der Universität Fribourg i. Üe. zum zehnjährigen Bestehen des Forschungszentrums FMsquare.org (Meier et al. 2019b).

Performance Measurement und Controlling

Für die Leistungsmessung werden oft Scoringmodelle verwendet, obwohl beim Übergang von Scoringklassen Probleme auftauchen: Einige Kunden werden aufgrund der Scoringklassen überbewertet, andere unterbewertet. Diese Schwierigkeiten können mit unscharfen Klassifikationsklassen überwunden werden. Mithilfe des RFM-Ansatzes (Recency, Frequency, Monetary Value) und den Erfahrungen aus einem Fallbeispiel wird das Potenzial eines unscharfen Ansatzes für das Performance Measurement erläutert.

Wie in Kap. 1 aufgezeigt, lässt sich die unscharfe Logik mit der auf Intuition basierenden unscharfen Logik erweitern. Als Anwendungsbeispiel wird ein Service Level Engineering diskutiert, das eine differenzierte Impact-Analyse für die Geschäftsprozesse zulässt. Dabei werden direkte und indirekte Abhängigkeiten von den technischen und softwaremäßigen Komponenten bezüglich der Geschäftsprozesse berechnet, um ein schlagkräftiges Risikomanagement aufziehen zu können.

Der Betrieb einer Webplattform mit Produkten und Dienstleistungen ermöglicht, Online-Kunden und ihr Kaufverhalten im Detail zu beobachten. In diesem Kapitel wird gezeigt, wie unscharfe Ansätze dazu beitragen, diese Beobachtungen für das Controlling des Kundenwerts zu nutzen: Mit einem unscharfen Ansatz können neben monetären Kennzahlen auch numerische Größen und qualitative Elemente in die Kundenwertberechnung miteingeschlossen werden. Dazu wird eine Hierarchie von Kennzahlen hergeleitet, welche auf linguistischen Termen und Variablen aufbaut. Durch die Aggregation von unscharfen Konzepten gelingt es, die Vorteile eines unscharfen Kundenportfolios beizubehalten. Zudem wird erörtert, wie mithilfe eines geschlossenen Kreislaufes strategische Ziele der Kundenakquisition und Kundenbindung auf die operativen Ebenen heruntergebrochen, erfasst und rapportiert werden.

© Springer Fachmedien Wiesbaden GmbH, ein Teil von Springer Nature 2019
A. Meier und E. Portmann, *Fuzzy Management,* essentials,
https://doi.org/10.1007/978-3-658-26036-1_3

3.1   Unscharfes Scoringmodell

Bei vielen Unternehmen teilt sich der Marktwert neben dem bilanzierbaren Sachwert in einen schlecht bilanzierbaren Wertblock mit immateriellen Vermögenswerten auf. Diese Fakten lassen sich nur schwer durch scharfe Kennzahlen ausdrücken, stellen aber kritische Erfolgspositionen des Unternehmens dar. Es handelt sich dabei um wirtschaftliche Vorteile wie Know-how, Marke, Reputation, Kundenpotenzial etc., die keine physische Substanz besitzen. Im Folgenden soll die Thematik anhand eines Fallbeispiels (Drobnjak et al. 2011) illustriert werden.

Der schweizerische Detailhändler coop berechnet den Wert eines Online-Kunden mit der bekannten Scoringmethode RFM (Recency, Frequency, Monetary Value), die u. a. für Direct-Marketingmaßnahmen Anwendung findet. Die drei Kennzahlen haben folgende Bedeutung:

- *Recency* ist die Zeitdauer seit dem letzten getätigten Einkauf eines Kunden im elektronische Supermarkt coop@home gemessen in Tagen.
- *Frequency* ist die Gesamtzahl der Online-Einkäufe pro Jahr.
- *Monetary Value* entspricht dem Gesamtumsatz des Kunden auf der Plattform coop@home im Jahr der Stichprobe.

Da die Stichprobe von coop@home anonymisiert wurde, werden einige Probleme scharfer RFM-Modelle anhand eines fiktiven Beispiels für die beiden Kunden Becker und Müller kurz diskutiert; eine ausführliche Problembeschreibung findet sich in Drobnjak et al. (2011). Beim RFM-Scoringmodell werden für die drei Variablen Recency, Frequency und Monetary Value Punktzahlen (Scores) für jeden Kunden berechnet. Die Zuordnung der Punkte (hier als Kundenwertmaß zu verstehen) zu unterschiedlichen Klassen erfolgt dabei trennscharf: Wenn Becker als Beispiel für 99 EUR einkauft, fällt er in die Klasse ‚51–100 EUR‘ und bekommt die Punktezahl 25. Hätte er nur um 2 EUR mehr eingekauft, wäre er einer höheren Klasse zugeordnet worden und würde 35 Punkte erhalten. Scharfe Scoringmodelle sind problematisch: Obwohl der Kunde Müller lediglich eine Woche früher als Becker einkaufte und insgesamt einen nur um 3 EUR höheren Umsatz erzielte, erhält Müller 25 Punkte mehr als Becker. Mit anderen Worten: Es kann passieren, dass Kunden mit ähnlichem Kaufverhalten unterschiedlich bewertet werden. In der Folge behandelt das Unternehmen die beiden Kunden unterschiedlich (z. B. bei der Vergabe von Rabatten oder anderen Anreizen), was fairem Handeln widerspricht.

Der umgekehrte Fall zum betrachteten Beispiel mit den beiden Kunden Becker und Müller kann ebenfalls auftreten: Kunden können bei abweichendem Kaufverhalten trotzdem dieselbe Gesamtpunktzahl oder eine nur leicht abweichende erzielen. Unfaire Kundenbewertungen sind typische Folgen von Heuristiken mit scharfen Klassengrenzen. Einerseits werden Kundenpotenziale nicht ausgeschöpft, wenn wertvolle Kunden fälschlicherweise zu tief bewertet werden. Andererseits werden Ressourcen verschwendet, wenn weniger wertvolle Kunden irrtümlich als privilegiert in kostspielige Key Accounts eingestuft sind. Eine Möglichkeit der Vermeidung solcher Konflikte liegt in der Anwendung unscharfer Klassifikationsmethoden.

Bei unscharfer Klassifikation gibt es kontinuierliche Übergänge bei den Klassengrenzen. Ein Kunde kann entsprechend unterschiedliche Zugehörigkeitswerte (gemessen mit der Mengenzugehörigkeitsfunktion μ) zu den einzelnen Klassen aufweisen. Er muss nicht zwingend genau zu einer Klasse gehören wie beim klassischen Scoringmodell.

In Abb. 3.1 werden die drei Variablen Recency, Frequency und Monetary Value als linguistische Variablen aufgefasst. Linguistische Variablen sind Variablen, die als Werte linguistische Terme annehmen (vgl. Kap. 1). Im Fallbeispiel werden für die Kaufaktualität die beiden Terme ‚kürzlich‘ und ‚lange her‘, für die Kauffrequenz (Frequency) die Terme ‚tief‘ und ‚hoch‘ sowie für den Umsatz die Terme ‚schwach‘ und ‚stark‘ gewählt. Entsprechend werden die darunterliegenden Wertebereiche in Äquivalenzklassen aufgeteilt. Es zählt zu den Aufgaben des Manage-

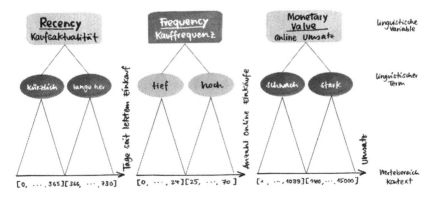

Abb. 3.1 Recency, Frequency und Monetary Value als linguistische Variablen. (Angelehnt an Drobnjak et al. 2011)

ments, geeignete linguistische Variablen (bzw. Key Performance Indicators, KPI) und entsprechende Terme in Anlehnung an die Gepflogenheiten des Unternehmens festzulegen. Damit können die linguistischen Variablen und Terme bei Abfragen und Recherchen im Führungsinformationssystem in der Sprache der Anwender benutzt werden (vgl. z. B. fuzzy Classification Query Language in Meier et al. 2008 resp. in Kap. 1), ohne die mathematischen Details wie Äquivalenzklassen, Mengenzugehörigkeitsfunktionen, unscharfe Mengen oder Aggregationsfunktionen zu kennen.

Das RFM-Scoringmodell kann als dreidimensionaler Datenraum (Data Cube) aufgefasst werden, mit den entsprechenden Achsen der Kaufaktualität, Kauffrequenz und des Online-Umsatzes. Entsprechend den gewählten Äquivalenzklassen ergeben sich insgesamt acht Kundeklassen, die mit geeigneten Mengenzugehörigkeitsfunktionen hinterlegt werden. Die Details zur Abbildung der Kennzahlen auf das Einheitsintervall (Normierung), zur Wahl von Verteilungs- und Zugehörigkeitsfunktionen sowie zur Berechnung des gesuchten Kundenwerts (Aggregation erfolgt mit dem γ-Operator der unscharfen Logik unter Einbezug der drei linguistischen Variablen, vgl. Kap. 2) basiert auf der Seminararbeit von Hugi (2009). Selbstverständlich sind die Führungskräfte und Marketingspezialisten frei in der Wahl und Anzahl linguistischer Variablen und Terme.

Werden in der scharfen Klassifikation der coop-Kunden die Kunden mit ‚starkem' Umsatz und einer Kauffrequenz ‚hoch' berücksichtigt, so erhält man die scharfe Klasse C_1 (vgl. Kap. 2). In der unscharfen Klassifikation können z. B. diejenigen Kunden selektiert werden, die mindestens zu 34 % zur Klasse C_1 gehören (dies geschieht mit dem Operator α-Cut der unscharfen Logik, d. h. α-Cut $\geq 0{,}34$). Im Vergleich zur scharfen Klassifikation werden auch Kunden aus den Nachbarklassen C_2 (starker Umsatz und tiefe Kauffrequenz) und C_3 (schwacher Umsatz und Kauffrequenz hoch) selektioniert, solange sie mindestens zu 34 % zur Klasse C_1 gehören. Gewisse Kunden aus C_1 hingegen fallen weg, da sie unter der Limite von 34 % liegen (vgl. Kap. 2).

Bei Gleichverteilung können die Unterschiede zwischen scharfer und unscharfer Klassifikation aufgezeigt werden. Dazu wurden Zufallszahlen für 500 Beispielkunden generiert und 131 Kunden ausgewählt, die zur Klasse C_1 gehören (vgl. Abb. 3.2a). Wird dieselbe Anzahl von 131 Kunden unscharf selektioniert, so zeigt die Abb. 3.2b ein deutliches Muster: Einerseits fallen 25 Kunden (19 %), die trennscharf betrachtet zu C_1 gehören, aus dieser Menge heraus (vgl. Abb. 3.2c). Stattdessen werden 25 Kunden aus den Klassen C_2 und C_3 berücksichtigt, da der Selektionsoperator α-Cut klassenübergreifend wirkt (vgl. Abb. 3.2d).

Fazit: Bei Kundenwertbetrachtungen (hier am Beispiel RFM aufgezeigt) werden bei scharfer Klassifikation einige Kunden unter- (Abb. 3.2d) und andere

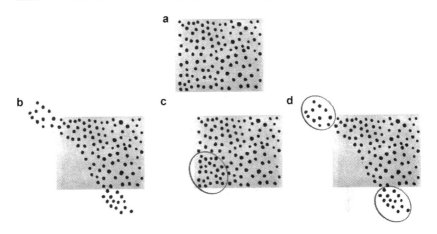

Abb. 3.2 (a) scharfe und (b) unscharfe Klassifikation (angelehnt an Drobnjak et al. 2011), (c) 19 % der Kunden aus C_1 fallen in der unscharfen Klassifikation heraus und (d) 19 % der Kunden werden bei unscharfer Klassifikation aus C_2 und C_3 berücksichtigt

überbewertet (Abb. 3.2c). Diese Konflikte führen häufig dazu, dass Kunden abwandern resp. Ressourcen im Marketing unnötig verschleudert werden. Unscharfe Kunden- oder Produktklassifikationen hingegen erlauben, die Kunden differenzierter zu bewerten und ihre Entwicklung (z. B. Veränderung des individuellen Kundenwerts nach einer Aktion) zu überprüfen. Im heutigen Trend zur Individualisierung des Massenmarktes kann damit ein faires und kommunizierbares Verfahren eingesetzt werden. Da jeder Kunde im mehrdimensionalen Klassifikationsraum einen individuellen, aggregierten Kundenwert aufweist, lassen sich Differenzierungen im Kundenbeziehungsmanagement und in der Unternehmensstrategie vornehmen. Gleichzeitig ist es möglich, Klassen oder Teilklassen von Kunden mit ähnlichem Kaufverhalten oder mit ähnlichen Produktpräferenzen zu extrahieren, um z. B. gezielte Marketingkampagnen durchführen zu können (vgl. Kap. 2).

3.2 Unscharfes Service Level Engineering

Zur Erreichung operativer und strategischer Ziele betreiben Unternehmen und Organisationen vernetzte Informationssysteme. Ein Service Level Engineering dient dazu, Ressourcen und Prozesse in gewünschter Qualität auf verschiedenen technischen wie organisatorischen Ebenen anzubieten und zu überwachen, unabhängig davon, ob die Leistungen intern oder extern am Markt erstellt werden. In Service Level Agreements werden die Ziele der Dienste samt den wichtigsten Messgrößen (d. h. den Key Performance Indicators) verbindlich festgelegt. Ein Service Level Monitoring hilft, diese Vereinbarungen zu überwachen, um bei Abweichungen Maßnahmen einleiten zu können.

Kernelement des Service Level Engineering ist die Impact-Analyse für die Geschäftsprozesse der Organisation. Mit Hilfe von gerichteten Graphen werden die technischen und softwaremäßigen Komponenten modelliert, von dem der jeweilige Geschäftsprozess abhängig ist. Um die Ausfallsicherheit eines Geschäftsprozesses zu schätzen, müssen die für den Prozess notwendigen Komponenten sowie die Abhängigkeiten zwischen den Komponenten bewertet werden. Die Impact-Analyse bildet damit die Grundlage für das Risikomanagement der rechnergestützten Infrastruktur und der Anwendungslandschaft. Mit der Nutzung der auf Intuition basierenden unscharfen Logik wird hier ein Anwendungsbeispiel für die Impact-Analyse eines Geschäftsprozesses aufgezeigt.

In Abb. 3.3 illustrieren wir einen kleinen Ausschnitt eines Graphenmodells für die Impact-Analyse eines konkreten Geschäftsprozesses G_7, der von fünf technischen und softwaremäßigen Komponenten K_1 bis K_5 abhängig ist. Ein Graphenmodell für die Impact-Analyse besteht demnach aus zwei Typen von Knoten: Geschäftsprozesse G_i und Komponenten K_j. Die gerichteten Kanten sind Beziehungen zwischen den Komponenten resp. zwischen Komponenten und Geschäftsprozessen und werden mit Hilfe von auf Intuition basierenden unscharfen Mengen IFS (Intuitionistic Fuzzy Sets, Kap. 1) modelliert. Mit anderen Worten drücken die mit IFS annotierten gerichteten Kanten den Impact zwischen dem Anfangsknoten und dem Endknoten aus inkl. des Grads der Unsicherheit.

Im Abhängigkeitsgraphen der Abb. 3.3 ist zum Beispiel der Geschäftsprozess G_7 abhängig von der Komponente K_1 mit den folgenden Werten $(0,2, 0,5, 0,3)$; dabei wird die Abhängigkeit des Geschäftsprozesses G_7 von seiner Komponente K_1 mit der Mengenzugehörigkeit $\mu(K_1, G_7) = 0,2$ ausgedrückt. Analog wird der Grad der Nicht-Abhängigkeit resp. die Nicht-Mengenzugehörigkeit mit der non-membership function $\nu(K_1, G_7) = 0,5$ festgelegt. Entsprechend kann der Grad der Unsicherheit berechnet werden: $1 - 0,2 - 0,5 = 0,3$. Damit erhalten wir das Tripel für die Abhängigkeit $K_1 \to G_7$ als $(0,2, 0,5, 0,3)$. Dieses drückt aus:

- Der Geschäftsprozess G_7 ist von der Komponente K_1 zu 20 % $(0,2)$ abhängig.
- Der Geschäftsprozess G_7 ist von der Komponente K_1 zu 50 % $(0,5)$ unabhängig.
- Die Unsicherheit der obigen Einschätzung beträgt 30 % $(0,3)$.

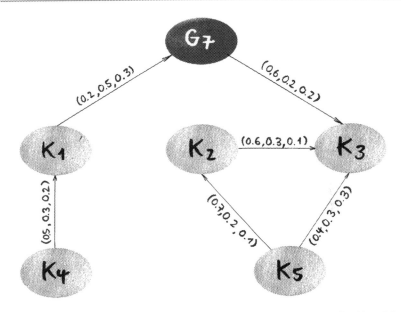

Abb. 3.3 Graphenmodell für die Impact-Analyse des Geschäftsprozesses G_7. (Angelehnt an Schütze 2016)

Die direkten Abhängigkeiten im Impact-Graphen werden aufgrund von Erfahrungen resp. Erhebungen annotiert. Diese sind im Beispiel der Abb. 3.3 bei allen Kanten angegeben. Allerdings müssen auch alle indirekten Abhängigkeiten, z. B. die Abhängigkeit des Geschäftsprozesses G_7 von der Komponente K_4, berechnet werden. Schließlich wollen wir wissen, von welchen Komponenten und zu welchem Grad der zu betrachtende Geschäftsprozess G_7 abhängig ist.

Für die logische Verknüpfung von zwei Beziehungskanten B_i und B_j (bei B_i und B_j werden vorerst die Werte der Mengenzugehörigkeit sowie der Nicht-Mengenzugehörigkeit berücksichtigt, da sich die Unsicherheit aus diesen beiden Teilen ergibt) haben Boyan Kolev und Ivaylo Ivanov in ihrem Forschungspapier (Kolev und Ivanov 2009) die beiden Formeln für eine moderate Impact-Analyse vorgeschlagen:

$$X_i \text{ AND } X_j = (\mu(X_i) * \mu(X_j), \nu(X_i) + \nu(X_j) - (\nu(X_i) * \nu(X_j)))$$

$$X_i \text{ OR } X_j = (\mu(X_i) + \mu(X_j) - (\mu(X_i) * \mu(X_j)), \nu(X_i) * \nu(X_j))$$

Diese beiden Formeln wurden erfolgreich für das Service Level Engineering in der Promotionsarbeit von Roland Schütze in verschiedenen Fallstudien getestet (Schütze 2016; Schütze und Fromm 2018), unter anderem bei einem eHealth-Dienstleister in der Schweiz (Balkenende et al. 2017).

In Abb. 3.4 zeigen wir nun zwei Ausfallszenarien und berechnen die Abhängigkeit zwischen der entsprechenden Komponente und dem darunter leidenden Geschäftsprozess. Im Ausfallszenario A versagt die Komponente K_4 und wir berechnen die indirekte Abhängigkeit ind_Abh von der Komponente K_4 zum Geschäftsprozess G_7 gemäß der obigen Formel:

$$\text{ind\_Abh}(K_4, G_7) =$$

$$(K_4 \rightarrow K_1) \text{ AND } (K_1 \rightarrow G_7) =$$

$$(\mu(K_4 \rightarrow K_1) * \mu(K_1 \rightarrow G_7), \nu(K_4 \rightarrow K_1) +$$

$$\nu(K_1 \rightarrow G_7) - (\nu(K_4 \rightarrow K_1) * \nu(K_1 \rightarrow G_7))) =$$

$$(0,5 * 0,2, \ 0,3 + 0,5 - (0,3 * 0,5)) = (0,1, \ 0,65) \text{ resp. } (0,1, \ 0,65, \ 0,25)$$

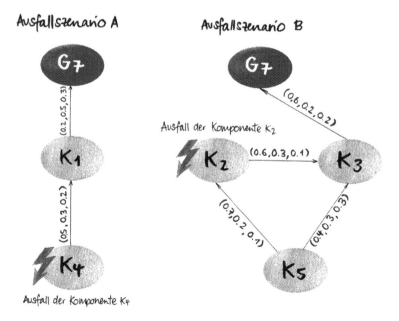

Abb. 3.4 Zwei Ausfallszenarien und ihre Auswirkungen auf Geschäftsprozess G_7

Mit anderen Worten: Fällt die Komponente K_4 aus, so ist dies ohne größeres Risiko zu verkraften, denn die Abhängigkeit des Geschäftsprozesse G_7 von der Komponente K_4 beträgt lediglich 10 %. In unserer Einschätzung werden zudem die Unabhängigkeit mit 65 % und die Unsicherheit mit 25 % beziffert.

Nun betrachten wir das Ausfallszenario B aus Abb. 3.4. Hier versagt die Komponente K_2 und wir möchten herausfinden, welche Auswirkung dieser Ausfall auf den Gesamtprozess G_7 hat. Dazu berechnen wir wiederum die indirekte Abhängigkeit des Ausfalls K_2 bezüglich des Prozesses G_7:

$$\text{ind\_Abh}(K_2, G_7) =$$
$$((K_2 \rightarrow K_3) \text{ OR } ((K_2 \rightarrow K_5) \text{ AND } (K_5 \rightarrow K_3))) \text{ AND } (K_3 \rightarrow G_7) =$$
$$((0{,}6,\ 0{,}3) \text{ OR } ((0{,}7,\ 0{,}2) \text{ AND } (0{,}4,\ 0{,}3))) \text{ AND } (0{,}6,\ 0{,}2) =$$
$$(0{,}4272,\ 0{,}3056)\ \text{resp.}\ (0{,}4272,\ 0{,}3056,\ 0{,}2672)$$

Als Resultat der Abhängigkeit des Prozesses G_7 von der Komponente K_2 erhalten wir die Einschätzung (0,4272, 0,3056, 0,2672), d. h. der Geschäftsprozess ist ca. 43 % abhängig von dieser Komponente und 30 % unabhängig bei einer Unsicherheit von 27 %. Um das Risiko eines Ausfalls von K_2 zu verkleinern, müsste in die Infrastruktur (Konfiguration von technischen und softwaremäßigen Teilen) investiert werden.

Ziel jeder Impact Analyse ist, die Ausfallsicherheit für die Geschäftsprozesse abschätzen zu können. Am einfachsten geschieht dies, indem für alle Komponenten die direkten und indirekten Abhängigkeiten zum Prozess ausgewiesen werden. In unserem Anwendungsfall aus Abb. 3.3 wären dies die folgenden Abhängigkeiten:

- direkte Abhängigkeit von K_1 zu $G_7 = (0{,}2,\ 0{,}5,\ 0{,}3)$
- direkte Abhängigkeit von K_3 zu $G_7 = (0{,}6,\ 0{,}2,\ 0{,}2)$
- indirekte Abhängigkeit von K_4 zu $G_7 = (0{,}1,\ 0{,}65,\ 0{,}25)$
- indirekte Abhängigkeit von K_2 zu $G_7 = (0{,}4272,\ 0{,}3056,\ 0{,}2672)$
- indirekte Abhängigkeit von K_5 zu $G_7 = (0{,}24,\ 0{,}44,\ 0{,}32)$

Die letzte indirekte Abhängigkeit von K_5 zu G_7 wurde auf analoge Art und Weise mit der Verknüpfungsformel $((K_5 \rightarrow K_3) \text{ AND } (K_3 \rightarrow G_7))$ berechnet.

Jede Organisation, die abhängig von funktionsfähigen Informationssystemen ist, versucht eine Balance zwischen Risiko und Kosten zu finden. Mit Hilfe von auf Intuition basierenden bewerteten Impact-Graphen kann der Ausfall von Geschäftsprozessen (resp. die Verletzung von Service Level Agreements) studiert und Risiken abgewogen werden, indem die Risiken zum Beispiel mit monetären Größen hinterlegt werden. Dabei treten folgende Fragen für das Management auf: Welches sind kritische technische und softwaremäßige Komponenten eines Kernprozesses, gemessen an der jeweiligen Abhängigkeit und/oder Unabhängigkeit dieser Komponenten resp. bezüglich des Grads der Unsicherheit? Was kostet der Ausfall eines Kernprozesses für eine Dauer von 5, 10 oder 30 min resp. von Stunden? Welche Investitionen lohnen sich in redundante Komponenten oder fehlertolerante Softwarelösungen? Mit einer aussagekräftigen Impact-Analyse und einem Monitoring des laufenden Betriebs erlaubt das Risikomanagement, Investitionen gezielt zu tätigen, um den Nutzen für die Organisation zu optimieren.

3.3 Controlling des Kundenbeziehungsmanagements

Zur Berechnung eines unscharfen Kundenwerts kann eine Berechnungshierarchie hergeleitet werden. Diese ist abhängig vom jeweiligen Geschäftsmodell und enthält die wichtigsten Kennzahlen für das Reporting (Zumstein 2007).

In Abb. 3.5 ist eine mögliche Dekomposition des Kundenwerts gegeben, wie sie typischerweise bei elektronischen Shops verwendet wird. Hier werden je zwei

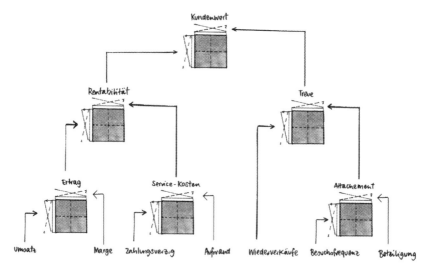

Abb. 3.5 Hierarchische Dekomposition des unscharfen Kundenwerts. (Angelehnt an Werro et al. 2006)

unscharfe Indikatoren zu einem unscharfen Wert aggregiert. Hinzu kommt, dass sowohl monetäre Größen (wie Umsatz, Margen, Kosten etc.) als auch numerische Größen (wie Zahlungsverzug in Tagen, Kauffrequenz, Besuchsfrequenz etc.) sowie qualitative Größen (wie Treue oder Attachment) miteinander kombiniert werden können.

Der Kundenwert setzt sich gemäß Abb. 3.5 aus der Rentabilität und dem Treueanteil des Kunden zusammen. Die Rentabilität selber wird in dieser Abbildung aus Ertrag (einer Kombination von Umsatz mit Marge) und Service-Kosten (einer Kombination von Zahlungsverzug und Aufwand) gebildet. Entsprechend ist die Treue aus der Anzahl Wiederverkäufe sowie dem Attachment zusammengesetzt. Letzteres ist durch die Besuchsfrequenz und das Beteiligungsverhalten des Kunden definiert (vgl. Werro et al. 2006).

Natürlich müssen die einzelnen Kennzahlen im Detail definiert sowie die Periodizität der Erhebung festgelegt werden: Wie viele Wiederverkäufe sind in der betrachteten Zeitperiode getätigt worden? Wie oft besucht ein Kunde die Website im festgelegten Zeitfenster (Besuchsfrequenz)? Wie wird die Beteiligung erhoben (etwa durch Kommentare des Kunden, Bewertung von Produkten, Feedback etc.)?

Wichtig ist, dass der Kundenwert nicht nur aus Ertrags- und Kostenelementen (also dem Marktpotenzial) zusammengesetzt ist, sondern auch Elemente des Ressourcenpotenzials (wie Treue oder Attachment) miteinbezieht. Im Normalfall strebt man nämlich eine lebenslange Kundenbindung für den Customer Lifetime Value an und ist bereit, in einzelnen Zeitperioden Schwankungen, die z. B. auf veränderte Lebensumstände zurückzuführen sind, hinzunehmen.

Dank unscharfer Methoden gelingt es, für jeden Kunden den Kundenwert mithilfe quantitativer und qualitativer Größen zu berechnen (vgl. Werro und Stormer 2012). Zudem besitzt der Kunde unterschiedliche Anteile in den im Fokus stehenden Kundensegmenten und ist nicht nur einem einzigen Segment zugeordnet.

Mit Hilfe eines Performance Measurement müssen die Erlöspotenziale sowie die materiellen und immateriellen Vermögensanteile des Unternehmens laufend ausgewiesen werden. Neben dem Management sind alle Anspruchsgruppen interessiert, periodisch über die Wertentwicklung des Unternehmens und die Verwendung der Vermögensanteile Aufschluss zu erhalten. Aufgrund dieser Kennzahlen sollte es den Führungsverantwortlichen gelingen, steuernd einzugreifen, bevor sich Fehlentwicklungen auf die finanziellen Ergebniskennzahlen auswirken.

Im Folgenden wird anhand des Kundenkapitals in Abb. 3.6 der geschlossene Controlling Kreislauf illustriert.

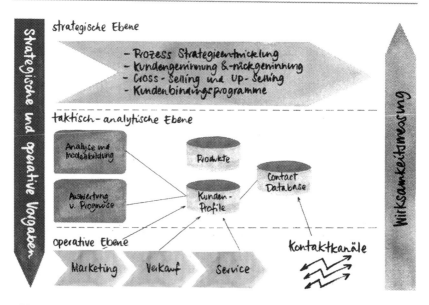

Abb. 3.6 Controlling Kreislauf zum Kundenbeziehungsmanagement. (Angelehnt an Meier und Stormer 2012)

Auf der strategischen Ebene müssen die strategischen Ziele und Maßnahmen für die Erhaltung und Entwicklung des Kundenkapitals erarbeitet werden. Als Kernziele gelten die Akquisition von Kunden resp. die Wiedergewinnung von wertvollen Kunden, Programme der Kundenbindung sowie für Cross- und Up-Selling.

Damit die strategischen Ziele realistisch bleiben, analysiert ein Kernteam von Datenanalysten, Marketing- und Verkaufsspezialisten das Data Warehouse, im Besonderen die Kunden- und Produktdaten. Als Werkzeuge dienen Data-Mining-Instrumente sowie Werkzeuge zur Analyse und Prognose. Zentral ist zudem, die Kontakte für das Multi-Channel-Management ebenfalls in die Analysearbeit mit-einzubeziehen.

Sind die strategischen Ziele festgelegt, so müssen sie auf Jahresziele herunter-gebrochen und operationalisiert werden. Wichtig dabei ist, dass die konkreten Kennzahlen durch die Anpassung der operativen Geschäftsprozesse periodisch im Fuzzy Data Warehouse (vgl. Fasel 2014) erfasst und nachgeführt werden. Nur so lässt sich die Wirksamkeit der Maßnahmen messen. Bei Bedarf werden Korrektu-ren oder Ergänzungen auf der Handlungsebene angestrebt.

3.4   Lessons Learned

Die Nutzung unscharfer Konzepte für Performance Measurement und Controlling erlauben differenzierte Erkenntnisse:

- Anstelle von Scoringmodellen mit scharfen Grenzen ermöglichen sanfte Übergänge mit unscharfen Klassen eine gerechtere Behandlung der Kunden. Dabei erhält jeder Kunde seinen individuellen Kundenwert und bei einer Kundensegmentierung werden Kunden weder über- noch unterbewertet.
- Die auf Intuition basierende unscharfe Logik unterscheidet zwischen der Mengenzugehörigkeit sowie der Nicht-Mengenzugehörigkeit und weist die Unsicherheit aus. Mit Service Level Engineering lässt sich eine Impact-Analyse für alle technischen und softwaremäßigen Komponenten bezüglich der Geschäftsprozesse erarbeiten.
- Direkte und indirekte Abhängigkeiten werden im Graphen der Impact-Analyse mit dem Grad der Abhängigkeit, dem Grad der Unabhängigkeit sowie dem Faktor der Unsicherheit bewertet. Damit kann die Auswirkung eines Ausfalls einer Komponente bezüglich des jeweiligen Geschäftsprozesses differenziert analysiert werden. Maßnahmen zur Verbesserung der Ausfallsicherheit lassen sich aufgrund der Überprüfung der Balance zwischen Investitionskosten in Infrastruktur und Anwendungsportfolio sowie Kosten möglicher Schäden einleiten.
- Unscharfe Kundenwertberechnung können wie im klassischen Fall hierarchisch durch Aggregationsoperatoren vorgenommen werden.
- Vage oder unpräzise Bewertungen einzelner Kennzahlen (Key Performance Indicators) lassen sich vornehmen. Zudem müssen die Bewertungskriterien nicht nur als quantitative Größen festgelegt sein, sondern können auch Qualitäten betreffen.
- Mithilfe linguistischer Terme wie ‚kleiner‘, ‚mittlerer‘ oder ‚großer‘ Ertrag lassen sich sprachliche Klassifikationen mit mathematischen Konzepten angehen.
- Durch die Definition von Schwellwerten (engl. treshholds) kann das Controlling der Wertentwicklung überwacht werden. Werden bestimmte Schwellwerte über- oder unterschritten, können Warnungen an die verantwortlichen Führungskräfte geschickt und Rückschlüsse auf die Ursachen gezogen werden.

Es liegt auf der Hand, dass das Regelwerk mit unzähligen scharfen wie unscharfen Kenngrößen nur mithilfe eines Informationssystems unter Kontrolle gehalten werden kann. Bei Abweichungen werden die Verantwortlichen im Marketing und Verkauf frühzeitig orientiert und können Gegenmaßnahmen einleiten.

Online-Reputationsmanagement 4

Das Web ermöglicht es, Benutzern oder ‚Prosumenten' (Wortschöpfung aus Produzenten und Konsumenten von Web-Daten) Informationen sowie Meinungen mittels Publishing-Techniken, sozialen Interaktionen auf Blogs, sozialen Netzwerken und weiteren Social-Media-Seiten zu teilen. All diese Daten werden im Internet archiviert und können nicht einfach gelöscht werden. Dies kann positive und negative Implikationen haben. Beispielsweise kann eine Person oder eine Organisation in den Mittelpunkt negativer Einträge auf Social Media Kanälen geraten oder gar in einen Shit-Storm hineinschlittern, wodurch ihre Reputation beeinträchtigt wird.

Die Online-Reputation ist die öffentliche soziale Bewertung einer Person oder eines Unternehmens basierend auf dem vergangenen Verhalten der Person oder der Organisation im Netz. Für Personen ist wichtig, was von ihnen selbst gepostet wurde und was Dritte im Internet über sie teilen. Reputation ist eine starke Währung, denn niemand will etwas von jemandem wissen, wenn er eine schlechte Reputation hat; genauso wenig wird niemand die Produkte eines Unternehmens mit einer schlechten Reputation kaufen. Sie ist somit ein wichtiger, wenngleich immaterieller Vermögenswert, der zum Scheitern oder zum Erfolg einer Person oder Organisation beitragen kann. Sie beruht auf Vertrauen, wobei eine gute Reputation wiederum zu höherem Vertrauen vonseiten weiterer Interessengruppen führen kann.

Das Reputationskapital einer Person oder Organisation ist ein Vermögenswert. Dieser kann verwaltet, akkumuliert und gegen Vertrauen, Legitimation oder eine stärkere Bereitschaft von Aktionären, in Aktien der Organisation zu investieren,

Dieses Kapitel ist eine überarbeitete Version des Artikels von Portmann et al. (2015).

© Springer Fachmedien Wiesbaden GmbH, ein Teil von Springer Nature 2019
A. Meier und E. Portmann, *Fuzzy Management,* essentials,
https://doi.org/10.1007/978-3-658-26036-1_4

eingetauscht werden. Eine positive Reputation sichert die langfristigen Wettbewerbsvorteile eines Unternehmens. Je größer das Reputationskapital, desto geringer fallen etwa die Kosten für Monitoring und Controlling aus (Klewes und Wreschniok 2010). Folglich sollte das Reputationskapital ein zentrales Element einer Person oder Organisation sein. Einfache Beispiele für die Messung des Reputationskapitals im Internet sind der Verkäuferbewertungsmechanismus von eBay, die Sternebewertung bei Amazon oder auch die Likes bei Facebook.

Da Konsumenten sich reputationssteigernd oder -schädigend äußern, sollten sie bei Bedarf eine Strategie für das Online-Reputationsmanagement implementieren. Ein Reputationsmanagement hat die Aufgabe, unerwünschte oder negative Erwähnungen im Internet und Web zu überwachen, zu adressieren und/oder zu korrigieren. Mit einer entsprechenden Strategie werden Online-Feeds analysiert, um die Stimmung zu erkennen und positiv zu beeinflussen. In diesem Kapitel wird ein auf Fuzzy Sets basierendes Werkzeug zur Reputationsanalyse präsentiert. Mit diesem kann eine Organisation die Online-Konversation über die eigene Marke, Konkurrenzunternehmen oder die Echtzeit-Reputation eines bestimmten Geschäftsbereichs selbstständig verfolgen.

4.1   Online-Reputationsanalyse

Scanning, Monitoring und das Erstellen von Prognosen sind die wichtigsten drei Methoden zur Reputationsanalyse:

• Mittels Scanning werden Veränderungen in der Umgebung einer Person/Organisation, die ihren Spielraum beeinflussen oder einschränken könnten, frühzeitig entdeckt. Eine Herausforderung des Scanning liegt darin sicherzustellen, dass die Flut von Web-Daten und -Informationen übersichtlich zusammengefasst wird.

• Mit dem Monitoring werden ausgewählte Themenbereiche über die Zeit überwacht.

• Zudem kann eine Person oder Organisation im Hinblick auf Ereignisse, die ihre Reputation beeinflussen könnten, Prognosen erstellen, um Risiken und Unsicherheiten zu reduzieren.

Wenn ein Online-Reputationsproblem auftaucht, ist der Handlungsspielraum am Anfang noch groß, da die öffentliche Aufmerksamkeit begrenzt ist. Aber je mehr das öffentliche Bewusstsein wächst, desto weniger können geschädigte Personen oder Organisationen das Problem auf einfache Weise lösen. Sobald

ein Reputationsproblem offline bekannt wird, ist es meistens zu spät, die Weiter-
entwicklung positiv zu beeinflussen. Eine Person oder Organisation muss also
versuchen, mögliche Problemfelder früh zu entdecken. Die Entwicklung eines
Reputationsproblems ist jedoch schwer vorhersehbar, ein Phänomen, das als
Weak-Signal Problem bezeichnet wird. Dieses umschreibt die Tatsache, dass es
oft schwierig ist, Gefahren in Bezug auf die Reputation zu erkennen, solange nur
wenige unbekannte Interessengruppen betroffen sind.

Gespräche im Social Web basieren auf natürlichen Sprachen, die von traditionellen Informationssystemen bisher nicht oder nur begrenzt verarbeitet werden
können. Natürlich-sprachliche Kommunikation gibt Aufschluss, wie Menschen
über die Welt denken und sie wahrnehmen. Es ist daher zentral, die Ungenauigkeit natürlicher Sprachen zu erfassen und sie mit geeigneten mathematischen
Werkzeugen so abzubilden, dass sie analysiert werden können. Dazu eignet sich
die unscharfe Logik und vor allem das Teilgebiet Computing with Words hervor-
ragend (vgl. Trilogie Teil III über Fuzzy Humanist).

Die Fuzzy-Set-Theorie vermag die menschliche Vagheit zu erfassen und for-
mell auszudrücken. Dementsprechend bietet sie eine Basis für die Nachahmung
kognitiver Funktionen höherer Ordnung, Gedanken und Wahrnehmungen, welche
Web-Daten inhärent sind. Im Vergleich zu traditionellen Mengen können Variablen aus Fuzzy Sets unterschiedliche graduelle Zugehörigkeiten zu verschiedenen
Klassen haben. Für die Analyse wurden verschiedene Methoden entwickelt,
die menschliche Fähigkeiten imitieren (vgl. Portmann 2018). Diese Methoden, bekannt unter dem Begriff Soft Computing (vgl. Trilogie Teil I über Fuzzy
Leadership) ermöglichen einen adäquaten Umgang mit Unschärfe. Sie erlauben,
Mehrdeutigkeiten und Vagheit des menschlichen Denkens und Lernens besser
abzubilden.

4.2 Werkzeug für die Online-Reputationsanalyse

Wenn Benutzer das Verhalten einer Person oder Organisation kommentieren,
legen sie im Web öffentliche Annotationen resp. Tags an. Die wohl wichtigste
Anforderung an ein Werkzeug für die Online-Reputationsanalyse ist, dass es auf
diese Erwähnungen der Person oder Organisation reagiert, sie in Kontext setzt
und bearbeitet. Dies wird durch sogenannte Folksonomien möglich. Eine Folk-
sonomie ist eine Klassifikationspraxis für das Web und eine Methode zum kol-
laborativen Erstellen und Verwalten von Tags, um Inhalte zu kommentieren und
zu kategorisieren. Folksonomien basieren typischerweise auf vagen menschlichen

Wahrnehmungen wie Identität, Ort, Status, Zeit und anderen Eigenschaften physischer und mentaler Entitäten.

Beim Erstellen von Folksonomien leisten verschiedene Benutzer einen Beitrag und erschaffen gemeinsam etwas, das kein Benutzer alleine leisten könnte. Diese Kollaboration wird durch Informationssysteme erleichtert. Indem die Benutzer untereinander und mit den Informationssystemen zusammenarbeiten (d. h. Mensch mit Mensch, Mensch mit System und System mit System) entsteht ein Lernprozess, von dem alle Beteiligten profitieren. Dies führt zu einer Wissensbasis, die stetig erweitert wird. Diese Art des gegenseitigen Lernens wird u. a. durch die Lern- und Kognitionstheorie des Konnektivismus beschrieben (Siemens o. J.). Durch den Lernprozess der unterschiedlichen Akteure wächst die Wissensbasis zur kollektiven Intelligenz (Malone 2018).

In Abb. 4.1 ist ein Ausschnitt einer Ontologie gegeben. Als Wurzel dieser Ontologie wird das Objekt Ressource aufgeführt. Neben der Subklassenbildung mit Waffe, Schiff und Baum werden die jeweiligen Typen aufgeführt, nämlich Bogen für Waffe und Schiff sowie Zweig für Baum.

Ein Analysewerkzeug macht von der Wissensbasis und der kollektiven Intelligenz Gebrauch. Es ermöglicht, das Web mittels Abfragen zu durchsuchen, um Themenklassen mit ihren zugehörigen Tags zu ermitteln und versteckte Informationen zu identifizieren. Um diesen menschlichen Input, die Tags, verarbeiten zu können, muss das Hilfsmittel die Fähigkeit haben, Wörter, Wahrnehmungen und

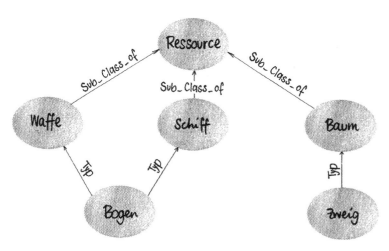

Abb. 4.1 Ausschnitt Ontologie. (Angelehnt an Portmann 2013)

Aussagen aus der natürlichen Sprache zu verarbeiten. Da die Fuzzy-Set-Theorie die Vagheit der natürlichen Sprache mathematisch erfasst (vgl. Computing with Words), ist sie als Basis für Folksonomien und Grassroot-Strukturen im Social Web geeignet.

In Abb. 4.2 wird aufgezeigt, wie Terme einer Ontologie mit der unscharfen Logik anteilmäßig zu den übergeordneten Klassen gehören; hier im Beispiel der Typ Bogen zu den Klassen Waffe und Schiff.

Wenn eine Sammlung von Folksonomien besteht, werden die aggregierten Tags durch einen Fuzzy-Clustering-Algorithmus (z. B. Fuzzy C-Means) in eine Fuzzy-Grassroots-Ontologie umgewandelt. In der Informatik kennzeichnet eine Ontologie ein Konzept, das die Welt hinsichtlich einer Menge von Typen, Beziehungen und Eigenschaften strukturiert. Mittels Ontologien lassen sich unterschiedliche Typen von Objekten (z. B. konkret und abstrakt, real und ideal, unabhängig und abhängig etc.) und ihre Verbindungen (Beziehungen, Abhängigkeiten, Aussagen)

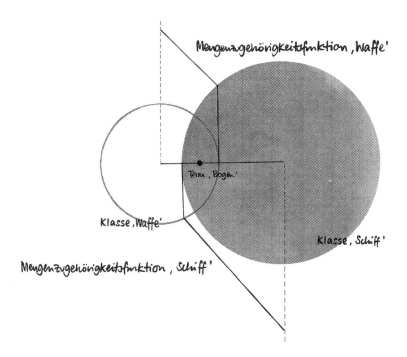

Abb. 4.2 Mengenzugehörigkeiten des Terms Bogen zu den Klassen Waffe und Schiff nach Portmann (2013)

anhand verschiedener Kriterien unterscheiden (Portmann 2013). In einer Fuzzy Ontologie werden nach Fullér (2008) die Verbindungen der Objekte nicht trennscharf, sondern fuzzy gesehen.

Eine Fuzzy-Grassroot-Ontologie ist eine besondere Ontologie, die durch den rekursiven sozialen Prozess gesteuert wird, bei dem Prosumer gemeinsam Tags erstellen und verwalten, um Web-Daten mit Anmerkungen zu versehen. Im Vergleich zu einer standardisierten Ontologie kann eine Fuzzy-Grassroot-Ontologie natürliche Bottom-up-Strukturen handhaben und das Social Web um vage menschliche Semantik ergänzen.

4.3   Datenvisualisierung in der Benutzerschnittstelle

Um es Personen oder Organisationen zu erleichtern, im Social Web Zusammenhänge zu erkennen, sollten Interaktionen mit dem Benutzer grafisch dargestellt werden. Visualisierungstechniken ermöglichen es, Muster in den Daten zu erkennen und Bereiche zu identifizieren, in welchen zusätzliche Analysen möglich sind. Basierend auf den Mustern und Analysen lassen sich bessere Entscheidungen treffen. Die Visualisierung unterstützt die Menschen darin, in einem unsicheren Umfeld, das von unvollständigen Informationen geprägt ist, miteinander zu kommunizieren und rationale Entscheidungen zu treffen.

Mit Fuzzy Cognitive Maps (FCMs) existiert eine geeignete grafische Wissensrepräsentation für die Reputationsanalyse. Eine FCM ist ein unscharf gewichteter Digraph, welcher aus gerichteten Kanten und Knoten besteht. Die Knoten stellen Konzepte dar, während die Kanten kausale Beziehungen zwischen den Knoten beschreiben (D'Onofrio und Portmann 2015). Eine FCM repräsentiert die Themen, Assoziationen (d. h. die Beziehungen zwischen den Themen) und Vorkommnisse (d. h. Informationen, die für das Thema als relevant angesehen werden). Sie ermöglicht es, ähnliche linguistische Konzepte zu finden, die sich um ein Thema gruppieren. Dabei gilt: Je niedriger der Zugehörigkeitsgrad zu einem Thema ist, desto weiter entfernt ist dieses Thema innerhalb der Fuzzy Cognitive Map situiert. Der Zugehörigkeitsgrad, welcher durch linguistische Terme verbalisiert werden kann, drückt dabei die unterschiedliche Wissensgranularität des Social Web aus.

Als Antwort auf eine Suchanfrage liefert das Dashboard den Benutzern durch die Wissensrepräsentation mit Fuzzy Cognitive Maps kontextbasierte und ähnliche Ergebnisse in einer übersichtlichen Darstellung, anstelle einer umfangreichen Auflistung von Treffern. Mit dem Analysewerkzeug können Benutzer die Ergebnisse auf den Kontext durchsuchen sowie Benachrichtigungen einstellen, die auf bestimmte Reputationsereignisse reagieren. Außerdem lassen sich Probleme registrieren. Um den Kreis des Online-Reputationsmanagements zu schließen, müssen die ermittelten Reputationsprobleme noch adressiert werden. Dabei können entweder Kritiker kontaktiert, Aussagen korrigiert oder Botschaften in Online-Feeds gekippt werden, mit dem Ziel, eine positive Stimmung aufrechtzuerhalten. Die angemessene Reaktion hängt von der Strategie der Person oder Organisation sowie von der jeweiligen Situation ab.

4.4 Lessons Learned

Das Social Web spiegelt wider, was Benutzer über eine Person und/oder Organisation denken. Die Online-Reputation ist ein zentraler Aspekt, um das Vertrauen der Benutzer zu gewinnen und zu behalten. Um sie nicht aufs Spiel zu setzen, ist es wichtig, Online-Feeds mittels eines Reputationsmanagements zu verfolgen und zu reagieren, sobald Bedenken in Bezug auf die Person oder Organisation entstehen. Dafür müssen relevante Daten im Social Web kontinuierlich durchsucht und analysiert werden. Folgende Erkenntnisse ergeben sich:

- Ein Online-Reputationsanalysewerkzeug erlaubt, im Web mittels einer Fuzzy-Grassroots-Ontologie und Suchmaschinen eine umfangreiche Anzahl qualitativ hochwertiger Daten (spezifisch: Tags) zu sammeln. Anschließend werden diese Daten verarbeitet, sodass Informationen und Wissen entstehen. Die Suchresultate, aus welchen die aktuelle Online-Reputation der Person oder Organisation abgeleitet werden kann, werden den Benutzern auf dem Dashboard in übersichtlicher Weise in der Form von interaktiven Fuzzy Cognitive Maps präsentiert.
- Die Visualisierung ist ein erster Schritt zur Öffnung der Kommunikationshorizonte. In Zukunft lassen sich Fuzzy Cognitive Maps erweitern, um automatische Schlussfolgerungen zu ziehen. Diese sollten in natürlicher Sprache der Benutzer formuliert werden, um näher an die menschliche Denkweise zu rücken.
- Eine weitere Option besteht in der Anwendung des Computing with Words, einem Teilgebiet der unscharfen Logik. Dabei arbeiten Informationssysteme mit Worten resp. mit unpräzisen, unvollständigen und vagen Informationen, die in natürlicher Sprache festgehalten sind. Dies erlaubt es, Probleme analog menschlichen Denkens und menschlichen Vorgehens anzugehen.
- Im Rahmen des Online-Reputationsmanagements sollte eine Person oder Organisation nach der Analyse ihrer Reputation in eine Konversation mit den

Benutzern im Social Web treten und Fragen und Kommentare beantworten. Lange Zeit war es so, dass sich viele bei der Kommunikation über Social Media zurückhielten. Mittlerweile ist hier das Problembewusstsein zwar gewachsen, es gibt jedoch immer noch viele Fälle, in denen die Online-Reputation eines Unternehmens aufgrund negativen Feedbacks von Internetnutzern beeinträchtigt wird. Wenn eine Person oder Organisation die Chance verpasst, auf die Angriffe ihrer Gegner zur reagieren, gibt sie ihren Spielraum auf, denn niemand kann seiner Online-Reputation entkommen.

Personen sowie Organisationen müssen lernen, damit umzugehen, dass sie weniger Kontrolle über ihre Botschaften haben als noch vor ein paar Jahren und dass ihre Reputation womöglich von heute auf morgen beeinträchtigt werden könnte. Aus diesem Grund ist es wichtig, sich früh genug Gedanken über die Analyse seiner Online-Reputation zu machen.

Fazit zur bewussten und unbewussten Business Intelligence

Unter Business Intelligence werden in der Wirtschaftsinformatik alle Modelle und Verfahren zusammengefasst, die der systematischen Analyse des Unternehmens resp. der Organisation dienen (Meier und Zumstein 2013). Ziel dabei ist, das Organisationskapital zu steigern.

Lange Zeit hielt sich die Auffassung, dass die beiden Gehirnhälften für unterschiedliche menschliche Fähigkeiten verantwortlich zeichnen (vgl. Abb. 5.1): So ist die linke Gehirnhälfte für Sprache, Logik, Rechnen, Analyse oder Gesetzmäßigkeiten und somit für das Denken zuständig. Die rechte Gehirnhälfte dagegen steuert die Intuition, Kreativität, Symbolik und aktiviert Assoziationen für Bilder, Klänge oder Gefühle. Natürlich lassen sich die beiden Gehirnhälften nicht isoliert betrachten, sondern müssten gemäß aktuelleren neurowissenschaftlichen Untersuchungen eher im Sinne von ‚sowohl als auch‘ interpretiert werden. Für unsere Diskussion soll diese idealisierte Darstellung der Hemisphären des Gehirns jedoch stimulieren, dass beide Fähigkeitsspektren, die des Denkens wie die der Intuition auch bei der Nutzung von Informationssystemen berücksichtigt werden sollten. Nur so lassen sich komplexe Aufgabengebiete mit dem Rechner angehen.

Das Potenzial der Business Intelligence lässt sich gemäß Abb. 5.1 steigern, indem neben faktenbasierten und analytischen Methoden noch Methoden des sogenannte Soft Computings angewendet werden. Im letzten Abschnitt ‚Wo führt die Reise hin?‘ wurde in der Trilogie Teil I über Fuzzy Leadership das Gebiet des Soft Computings wie folgt charakterisiert: ‚Werkzeugkasten mit Methoden, welche Toleranz für Ungenauigkeit, Ungewissheit und partielle Wahrheit ausnutzen‘. Beim Soft Computing werden demnach Verfahren eingesetzt, die der unscharfen Logik resp. der auf Intuition basierenden unscharfen Logik entspringen. Im Gegensatz zur klassischen Logik, die auf bewusster Intelligenz basiert, könnte die weiterführende auf Intuition basierende unscharfe Logik helfen, die Problem-

A. Meier und E. Portmann, *Fuzzy Management,* essentials, https://doi.org/10.1007/978-3-658-26036-1_5

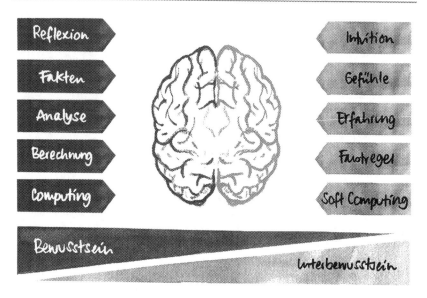

Abb. 5.1 Idealisierte Darstellung der beiden Gehirnhälften

analyse differenzierter durchzuführen und Lösungsansätze anzugehen, die nicht ausschließlich auf harten Fakten beruhen. Oder kürzer ausgedrückt: Intuition ist unbewusste Intelligenz und kann damit die herkömmliche Business Intelligence bereichern. Wagen wir den Versuch und ergänzen unseren Werkzeugkasten mit den Methoden des Soft Computings.

Was Sie aus diesem *essential* mitnehmen können

- Sie entdeckten das Potenzial der unscharfen Logik sowie der auf Intuition basierenden unscharfen Logik.
- Sie sind beeindruckt, wie ein unscharfes Portfolio Management den Bedürfnissen Ihrer Kunden gerecht wird.
- Sie sind motiviert, künftig die Entwicklung Ihrer Kunden mit individualisierten Marketingkampagnen anzugehen.
- Beim Performance Measurement verwenden Sie konsequent unscharfe Key-Performance-Indikatoren, um das Kundenkapital zu optimieren.
- Sie wissen nun, wie ein Service Level Engineering mit auf Intuition basierenden unscharfen Mengen zum Erfolg führt.
- Beim Controlling hilft Ihnen die unscharfe Logik, differenzierte Maßnahmen für erfolgversprechende Strategien anzuwenden.
- Für Ihre Online-Reputation verwenden Sie Folksonomien und setzen unscharfe Ontologien und Fuzzy Cognitve Maps ein.

© Springer Fachmedien Wiesbaden GmbH, ein Teil von Springer Nature 2019 49
A. Meier und E. Portmann, *Fuzzy Management,* essentials,
https://doi.org/10.1007/978-3-658-26036-1

Literatur

Atanassov, K. (2012). *On intuitionistic fuzzy sets theory. Studies in fuzziness and soft computing.* Heidelberg: Springer.

Atanassov, K. (2016). *Intuitionistic fuzzy logic. Studies in fuzziness and soft computing.* Heidelberg: Springer.

Balkenede, D., Schütze, R., & Meier, A. (2017). An intuitionistic fuzzy service modell – Use case for swiss platform. In A. Meier, E. Portmann, K. Stoffel, & L. Teran (Hrsg.), *The application of fuzzy logic for managerial decision making processes – Latest research and case studies* (S. 47–58). Heidelberg: Springer.

Bergmann, M. (2008). *An introduction to many-valued and fuzzy logic – Semantics, algebras, and derivation systems.* New York: Cambridge University Press.

Blattberg, R. C., Getz, G., & Thomas, J. S. (2001). *Customer equity – Building and managing relationships as valuable assets.* Boston: Harvard Business School Press.

Bojadziev, G., & Bojadziev, M. (1999). *Fuzzy logic for business, finance, and management.* Singapore: World Scienctific Publishing.

Buckley, J. J., & Eslami, E. (2002). *An introduction to fuzzy logic and fuzzy sets.* Heidelberg: Physica Publisher.

Chamberlin, D. D., Astrahan, M. M., Eswaran, K. P., Griffiths, P. P., Lorie, R. A., & Mehl, J. W. (1976). A unified approach to data definition, manipulation, and control. *IBM Journal of Research and Development, 20*(6), 560–575.

D'Onofrio, S., & Meier, A. (2019). Big data analytics. *HMD Praxis der Wirtschaftsinformatik 329, 56*(5).

D'Onofrio, S., & Portmann, E. (2015). Von fuzzy-sets zu computing-with-words. *Informatik Spektrum, 38*(6), 543–549.

Drobnjak, A., Fasel, D., Hugi, P., Kaufmann, M., Meier, A., Portmann, E., Schütze R., Teran L., Wehrle M. & Zumstein D. (2011). Führungsinformationssysteme unter Nutzung der unscharfen Logik – Fallbeispiel coop&home. Universität Fribourg, Technischer Bericht Nr. 11-06, November 2011.

Fasel, D. (2014). *A fuzzy data warehousing for performance measurement – Concept and implementation.* Heidelberg: Springer.

Fullér, R. (2008). What is fuzzy logic and fuzzy ontology? KnowMobile National Workshop, October 30, Helsinki.

© Springer Fachmedien Wiesbaden GmbH, ein Teil von Springer Nature 2019
A. Meier und E. Portmann, *Fuzzy Management,* essentials,
https://doi.org/10.1007/978-3-658-26036-1

Grint, K. (1997). *Fuzzy management – Contemporary ideas and practices at work*. New York: Oxford University Press.

Hruschka, H. (1986). Market definition and segmentation using fuzzy clustering methods. *International Journal of Research in Marketing, 3*, 117–134.

Hugi, P. (2009). *Fuzzy RFM modell. Arbeit zum Seminar Customer Relationship Management*, Universität Fribourg, Frühjahrsemester.

Kaufmann, M. (2014). *Inductive fuzzy classification in marketing analytics*. Heidelberg: Springer.

Kaufmann, M., Meier, A., & Stoffel, K. (2015). IFC-Filter: Membership function generation for inductive fuzzy classification. *Expert Systems with Applications, 21*(42), 8369–8379.

Klewes, J., & Wreschniok, R. (2010). *Reputation capital – Building and maintaining trust in the 21st century*. Berlin: Springer.

Kolev, B., & Ivanov, I. (2009). Fault tree analysis in an intuitionistic fuzzy configuration management database. 13th International conference on intuitionistic fuzzy sets, Sofia, Bulgaria, May 9–10, NIFS 15, S. 10–17.

Kosko, B. (1993). *Fuzzy thinking: The new science of fuzzy logic*. New York: Hyperion.

Malone, T. W. (2018). *Superminds: The surprising power of people and computers thinking together*. London: Oneworld Publications.

Meier, A., & Donzé, L. (Hrsg.). (2012). *Fuzzy methods for customer relationship management and marketing – Applications and classification*. Hershey: IGI Global.

Meier, A., & Kaufmann, M. (2016). *SQL- und NoSQL-Datenbanken*. Heidelberg: Springer.

Meier, A., & Stormer, H. (2012). *eBusiness & eCommerce – Management der digitalen Wertschöpfungskette*. Heidelberg: Springer.

Meier, A., & Werro, N. (2007). A fuzzy classification model for online customers. *Journal Informatica, 31,*175–182.

Meier, A., & Werro, N. (2018). Unscharfes Portfolio Management – Nutzenpotenziale. In A. Meier & R. Seising (Hrsg.), Vague information processing. *HMD Praxis der Wirtschaftsinformatik 321*, 55(3), Juni. Heidelberg: Springer, S. 528–539.

Meier, A., & Zumstein, D. (2013). *Web analytics & web controlling – Webbasierte business intelligence zur Erfolgssicherung*. Heidelberg: dpunkt Verlag.

Meier, A., Werro, N., Albrecht, M., & Sarakinos, M. (2005). *Using a fuzzy classification query language for customer relationship management* (S. 1089–1096). Trondheim: VLDB.

Meier, A., Schindler, G., & Werro, N. (2008). Fuzzy classification on relational databases. In J. Galindo (Hrsg.), *Handbook on research on fuzzy information processing in databases* (Bd. II, S. 586–614). New York: IGI Global.

Meier, A., Pedrycz, W., & Portmann, E. (Hrsg.) (2019a). Fuzzy management methods. International book series. Heidelberg: Springer. http://www.springer.com/series/11223. Zugegriffen: 10. Jan. 2019.

Meier, A., Portmann, E., & Teran, L. (Hrsg.). (2019b). *Applying fuzzy logic for the digital economy and society*. Heidelberg: Springer.

Portmann, E. (2013). *The FORA framework: A fuzzy grassroots ontology for online reputation management*. Berlin: Springer.

Portmann, E. (2018). Wozu ist Soft Computing nützlich? Reflexionen anhand der Smart-City-Forschung. In A. Meier & R. Seising (Hrsg.), Vague information processing. *HMD Praxis der Wirtschaftsinformatik 321*, Juni. Heidelberg: Springer, S. 496–509.

Portmann, E., Meier, A., Cudré-Mauroux, P., & Pedrycz, W. (2015). FORA – A fuzzy set based framework for online reputation. *Journal Fuzzy Sets & Systems, 269 (C)*(June), 90–114.

Schindler, G. (1998). *Fuzzy Datenanalyse durch kontextbasierte Datenbankanfragen mit Beispielen aus der Logistik. Dissertation, RWTH Aachen.* Wiesbaden: Deutscher Universitätsverlag.

Schütze, R. (2016). *Improving service level engineering – An intuitionistic fuzzy approach.* Heidelberg: Springer.

Schütze, R., & Fromm H.-J. (2018). Intuitionistic fuzzy logic – Anwendungsoptionen im IT service management. In A. Meier & R. Seising (Hrsg.), Vague information processing. *HMD Praxis der Wirtschaftsinformatik 321*, 55(3), Juni, S. 566–580.

Siemens, G. (o. J.). Knowing knowledge. https://books.google.ch/books?id=Pj41TomgKXYC-&printsec=frontcover&dq=siemens+knowing+knowledge&hl=de&sa=X&ved=0ahUKEwjSgfvYo7bfAhWlhKYKHSc0DEwQ6AEIKzAA#v=onepage&q=siemens%20knowing%20knowledge&f=false. Zugegriffen: 22. Dez. 2018.

Viertl, R. (2011). *Statistical methods for fuzzy data.* West Sussex: Wiley.

Wang, X., Ruan, D., & Kerre, E. E. (2009). *Mathematics of fuzziness – Basic issues.* Berlin: Springer.

Werro, N. (2015). *Fuzzy classification of online customers.* Heidelberg: Springer.

Werro, N., & Stormer, H. (2012). A fuzzy logic approach of the assessment of online customers. In A. Meier & L. Donzé (Hrsg.), *Fuzzy methods for customer relationship management and marketing – Applications and classifications* (S. 252–270). Hershey: IGI Global.

Werro, N., Stormer, H., & Meier, A. (2005). Personalized discount – A fuzzy logic approach. In Proceedings of the 5th International federation for information processing conference on eBusiness, eCommerce and eGovernment, Poznan, S. 375–387.

Werro, N., Stormer, H., & Meier, A. (2006). A hierarchical fuzzy classification of online customers. In Proceedings of the IEEE International conference on e-Business engineering, Shanghai, S. 256–263.

Zadeh, L. A. (1965). Fuzzy sets. *Information and Control, 8*,338–353.

Zumstein, D. (2007). *Customer performance measurement – Analysis of the benefit of a fuzzy classification approach in customer relationship management.* Master Thesis, University of Fribourg.

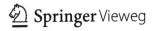

Printed in the United States
By Bookmasters